吴文君亲道系列丛书

# 从"炼"爱到结婚

## 恋爱依眼力，好婚姻靠心力

吴文君　著

电子工业出版社·
Publishing House of Electronics Industry
北京·BEIJING

**图书在版编目(CIP)数据**

从"炼"爱到结婚：恋爱依眼力，好婚姻靠心力 / 吴文君著 . —北京：电子工业出版社，2020.3

（吴文君亲道系列丛书）

ISBN 978-7-121-38434-9

Ⅰ.①从… Ⅱ.①吴… Ⅲ.①恋爱—通俗读物 ②婚姻—通俗读物
Ⅳ.①C913.1-49

中国版本图书馆CIP数据核字(2020)第024191号

责任编辑：潘　炜
文字编辑：李楚妍
印　　刷：三河市鑫金马印装有限公司
装　　订：三河市鑫金马印装有限公司
出版发行：电子工业出版社
　　　　　北京市海淀区万寿路173信箱　邮编：100036
开　　本：720×1000　1/16　印张：13.5　字数：170千字
版　　次：2020年3月第1版
印　　次：2020年4月第3次印刷
定　　价：49.00元

凡所购买电子工业出版社图书有缺损问题，请向购买书店调换。若书店售缺，请与本社发行部联系，联系及邮购电话：（010）88254888，88258888。

质量投诉请发邮件至zlts@phei.com.cn，盗版侵权举报请发邮件至dbqq@phei.com.cn。

本书咨询联系方式：（010）88254210。influence@phei.com.cn，微信号：yingxianglibook。

# 目　录

# 推荐序一

与文君老师的交情是 18 年前开始的。当时她已经是一所中学的首席心理老师，在教师、家长心中以及当地教育界享有盛名。她是我最早认证的导师之一，也是我众多学生中最早达到大师级水平的导师之一。除了参加我的培训，她也在国内外参加了很多其他培训，在某些方面，她早已超越我的水平了。

这本书的文字很平实，但是直指问题核心，能唤醒处于逃避或等待状态的心灵。文君老师的文章深入浅出，用浅显的文字表达出深层的心态、心智、自我意识等方面的内容，并且指引出行为改变方向，提供具有可操作性的方法。书中有很多实例，都是真实的个案，简单鲜明，让读者像照镜子般自省，很棒！

婚姻的三点意义：

组建家庭，为新生命提供最好的心理及生活空间；

人生路不再独行，找到一个人生伴侣；

相依相助，心灵最后的港湾。

这些，需要心理上的成熟，也就是足够的"成长"。没有成长的人，跟谁结婚都一样，会天天感到失望和愤怒。离婚并不能使人摆脱或结束痛苦，因为下一次结婚还会遇到同样的问题。阅读这本书，是帮你脱离这个困境的重要一步。

有真知灼见、醍醐灌顶般的婚恋关系方面的书籍，尤其是有足够训练方法的，市场上很少。

相信这本书会让很多读者拿上手就想一气呵成，欲罢不能。

这本书真的很棒，诚意推荐给所有婚前、已婚及结束一段婚姻关系的朋友，尤其是年青人！

李中莹

2020.2.18　杭州

# 推荐序二

别错过这本书，这是一本教你拥有幸福婚姻的宝典！

当年认识吴文君老师，是因为我想在亲子教育方面学一些好的方法，而她是业界的专家。听了她的课才知道，想要培养一个健康快乐的孩子，需要的不仅仅是教育方法，更重要的是有一个良好的婚姻关系，一个健康快乐的家庭环境。

以前，我一直觉得良好的婚姻观都是靠自己慢慢在生活中修炼出来的，能忍则忍，该让就让。自从遇到吴文君老师，我才知道经营好夫妻关系、维护好亲子关系都是有方法、技巧甚至心法的。自从系统学习这些内容后，我的家庭生活品质大大改善。很多情况下，我们遇到婚姻情感问题的时候都非常痛苦，又不知道如何应对，怎么解决。无奈之下，只能选择逃避，视而不见。即便是这样，扎在我们心中的刺依然令人作痛。

我们学习过如何开办公司、如何保养身体，但很少学习过如何经营幸福美好的婚姻。一个家庭需要有爱情、亲情、友情，但"情"不知所起，一往而深。如何存"情"？我们却茫然了。不要以为领取了具备法律效力的结婚证就万事大吉，什么都不用做了。结婚证只是代表合法，却无法保证你的婚姻从此甜蜜幸福。

很喜欢本书的主题和构思，太贴合国情了。我看到吴文君老师为许多家庭关系的现状担忧，以高度的责任感和使命感，根据过去 27 年教学经验、咨询案例的积累，研发了本书的系列教学内容。我有幸与吴文君老师合作，给本书视频课程提供技术支持。吴文君老师的"婚姻上岗证"视频课程，让很多人受益，帮助很多家庭从情感困境中走出来。看到数万个家庭学习吴文君老师的课程后带来的改变，我们非常欣慰，这是一个值得推荐的内容产品。

祝愿我们拥有一个丰盛的"情感银行"，一个幸福美满的家庭。也希望更多的朋友参与进来并传播爱的种子。

指引知识店铺创始人（原淘宝大学校长）陈庆探

# 前　言

婚姻，是多少人内心深处的痛！在婚姻中的想逃离，于婚姻外的想进入，围城内外都弥漫着没有硝烟的战争，一代代人都为情所困，欲罢不能。

时间已进入 21 世纪，网络信息时代人们的消费观、生活习惯不断改变，但人们关于婚姻的困扰，不降反增。一方面，很多年轻人都有被父母逼婚甚至逃婚的经历，另一方面，中老年人也在婚姻中或逐渐麻木或不断挣扎，没有办法给年轻一代更好的示范或说明：人，为什么要结婚？假如婚姻不过如此，为何要结婚？先给我一个说得通的理由！

我自 1991 年结婚，从自由恋爱到结婚生女，再到夫妻共同发展事业，近三十年来经历的，是我自己一次次主动的蜕变和成长。许多人羡慕我们夫妻的和睦幸福，只有我自己知道，我是怎样从一个对婚姻茫然懵懂的青年转变成今天的"婚姻情感专家"的。

我感恩自己在学习之途中遇到李中莹老师后，开始步入一条"往内看"的成长之路。在培养亲子导师的这条路上，我同时也厘清了家庭中的婚姻关系，找到了生命中所有关系的根基——个体与自我的关系。自我生命状态是觉醒的还是麻木的，决定了这个生命是否有成长的空间和弹性，更决定了这个生命是否有能力与另一个生命相依相伴，完成家庭的整合，真正懂得爱，真正学会爱。

我在不断觉醒中提升着爱人和被爱的能力；在咨询中带领来访者走出婚姻的痛苦；在课程中引领来访者找到丢失的自我，带着"心"，拎上爱，回到自己家中，回到爱人身边。一个个家庭开始转化，家人开始充满笑声和喜悦，人们庆幸在最危难的时候遇到我，踏上了喜悦和爱的生命之路；人们也会遗憾，在婚变之前没有遇到我，假如……一定……

我感受到人们迫切渴望早些补上这一课——关于爱和婚姻，学校里老师没有教，在家里父母也没有讲，但这却是关乎生命品质的教育！我们的祖辈长期生活在生存的恐惧和压力中，他们没有也不知道经营婚姻和家庭需要学习，所以对幸福和美满家庭的渴望是世代相传的梦想，似乎遥不可及，世世代代的情感纠葛，似乎成了生命的常态，让年轻一代困惑、质疑婚姻的意义和价值，甚至恐婚、逃婚。

是时候了，让我们补上这一课，不只为我们，也为我们的祖先，更为我们的孩子和下一代。通过我们的改变，塑造家族的情感基因，让祖先得以欣慰，让后代换个活法，让家族因此而改变。这是每个家庭成员必需且必要的责任！

是时候了，面对婚姻和家族幸福的责任，让自己成长、成熟、成人。没有成长的人，往往难逃离婚的命运；有成长的人，都能够收获幸福的婚姻。

不要痛了才去修正，好不好？不要失去了才去珍惜，好不好？

应指引知识店铺（原"醒来"平台）老总陈庆探和冯云的盛情邀约，我在 2016 年录制了"婚姻上岗证"视频网络课程。课程上线一年多来，已有 18300 人订阅，很多家庭的夫妻关系因此而得到改善，很多年轻人完成课程学习后才商定结婚大事，很多老师把课程推荐给高中生、大学生，让他们提前接受婚姻教育，也有人把课程推荐给婚恋介绍所和民政局……希望每个人先培训，再上岗，避免"无证上岗"后婚姻之痛和家庭悲剧的发生。

不断有学员鼓励、督促我把这个课程编写成书，帮助更多的人、更多的家庭。在很多学员多次帮我校稿、几经易稿之后，这本书终于跟读者见面了。

在我心里有一个非常温馨的画面：一个设计精致的礼盒里，分别盛放着这本书和网络课程卡，人们非常喜悦地把这个礼盒作为礼物送给新婚夫妇，把他们的美好祝福变成指导小夫妻幸福婚姻生活的"宝典"一起送给新人，让这对新人有了一个陪伴婚姻生活的指导老师，不再惧怕不可知的未来。还有一个更大些的礼盒，里面装着三本书：《成为导师型父母》《从"炼"爱到结婚》《210天陪伴孩子赢得未来》，以及三个同名网络课程卡，作为"美好婚姻的养成指南"的礼品盒，送给每对新婚夫妻、每位新上任的父母，让更多家庭成员都开始学习成长，重塑幸福生活基因。

成千上万对夫妻真正地爱了，笑了；成千上万名孩子真正地爱了，笑了；成千上万个家庭真正地爱了，"笑"了！这是多么美好的画面，这是多么美妙的未来啊！

我猜，此时你也笑了！你的家也"笑"了！

诚挚感恩——

感恩陈庆探和冯云夫妇推动并帮助我完成网络视频课程"婚姻上岗证"的录制和传播；

感恩指引知识店铺所有工作人员的技术支持和网络维护；

感恩申汝科老师的推广与策划，让更多人了解这个课程；

感恩电子工业出版社潘炜博士慧眼锁定本书的出版；

感恩婚姻导师陈惠亭及其先生为书稿进行第一次校对；

感恩婚姻导师邢桂贤为书稿进行第二次校对和第三次校对；

感恩"婚姻上岗证"这门课程的学员给予我的反馈和推动；

感恩所有来到咨询室咨询的朋友，丰富了我对婚姻的生命体验；

感恩所有在课程中探索婚姻奥秘的学员，推动我寻找婚姻实修之路；

感恩冉宪海先生，让我亲身体验婚姻实修之路；

感恩所有参与本书出版和付出之人。

愿天下所有家庭和谐悦意，幸福美满！

愿所有生命循婚姻之道，享回家之安！

# 第一章　测试你的"婚姻地图"

## 一、幸福婚姻之问

人到底为什么要结婚？

婚姻是什么？

婚姻的前景和发展历程是怎样的？

婚姻前后要做怎样的心理准备？

你思考过这些问题吗？你是怎样悦纳自己的？你又是怎样向你的孩子传承婚姻信条的？

都说婚姻是人生大事，可是大多数人却很少甚至是不知如何思考这件大事，要么匆忙上阵、手忙脚乱，要么心惊胆战、唯恐受害。就像一个要远行的人，既不知道目的地，也没有对沿途风景的预估和期待，更不知要准备什么装备，上路之后才感觉到狼狈不堪。于是他怨声载道，毫无乐趣可言。被称为"围城"的婚姻就这样让人们"食之无味，弃之可惜"，万分纠结。

每当看到网络上网友们关于明星婚变的评论，我们的内心都会有深深的感慨。明星夫妻出现了婚姻问题，按理说那只是他们两个人的事，但因为他们是社会公众人物，只能被置于舆论关注之中，被迫接受整个社会的评论。

每条评论折射出的，是每一个人的内心世界。他们在评论明星的婚姻生活时，其实表达的是自己对婚姻的看法。有的人会谩骂出轨者，说他如何不负责任；有的人会可怜守在家里的太太，觉得她是一个可怜的、软弱的人。曾有一位体育明星婚内出轨，新闻爆出后男方在媒体上公开道歉。在他的妻子表达她能够接受并且理解他时，很多人的评论跟风式的一面倒，否定女方，以"懦弱""伪善"等词冠之，甚至还出现两派的激烈对垒，声势非常浩大，让"吃瓜"群众大呼观战过瘾。旁观者不禁好奇：为什么网友有这么激烈的情感卷入？两方到底谁对谁错？

是的，婚姻中到底谁对谁错？到底哪一种婚姻观才是对的？人们习惯于找一个标准的答案，渴望找到一个关于婚姻的权威说法。归根结底是因为人们太想得到有效的指导和帮助了！想知道事情的真相，想要像解数学题那样给出一个明确的答案。在每个家庭中，夫妻的婚姻里常出现的情况也是：两人相争，到底谁对谁错？为了争对错，不惜伤害感情，遍体鳞伤，最后反倒输了所有。

网络上曾有报道，一位年轻妈妈在二孩刚满四个月时，再也无法忍受跟爱人、婆婆的相处，写下了万言遗书，带着两个孩子从楼上跳了下去。她的遗书，字字是血，笔笔是泪！字里行间里都是对丈夫、婆婆的控诉，都是"我对你错"的典型受害者思想，这又一次掀起了舆论的轩然大波，又一次在是非对错中争论不休。

静下心来想一下，婚姻难道只是对与错这么简单吗？真的是一个人可以伤害另外一个人吗？究竟是什么，让朝夕共处的夫妻二人在悲剧中越陷越深，越走越远？

作为局外人，本来没有资格评判别人的婚姻，可是这些婚姻案例成为社会新闻，越来越多的人被影响，越来越多的人的婚恋观被重塑。因为失败的婚姻案例，不再相信爱情和婚姻，反而害怕婚姻，甚至带着非常大的受害情绪维持婚姻，这些都显现出人们对婚姻观混乱甚至幼稚的认知。

我曾经在一次网络直播课中受到非常深的触动。现场与我互动的人很多，其中有一位太太说结婚之前和先生还好，结婚之后一段时间也挺好的，但生了宝宝之后就发现那个男人真的不中用了，甚至还不如尿不湿在孩子的生活中发挥的作用大。她这样形容她的先生，就知道她对先生有多鄙视，甚至是抗拒了。

各种各样的婚姻状态激发我们不断反思，他们真的是十恶不赦吗？当初结婚时他们真的做好准备了吗？她结婚时不是嫁给了一个王子吗，怎么现在王子成了可恨的敌人了呢？我们也要扪心自问，结婚时准备到位了吗？真的做好思想和心理准备了吗？到底要做什么准备呢？

有人说："我都准备好久了，只是在选择爱我的人还是我爱的人之间纠结。"有人说："我都准备好久了，物质生活绝对不会匮乏。"也有人说："心理准备也早做好了，婚姻就是两个人合得来就过，合不来就撤，谁怕谁呀，缺了谁都能活！"因对婚姻恐惧而变得小心翼翼，亦或带着防卫情绪进入婚姻，这样的准备和决定，真的适用于婚姻吗？

## 二、追溯"婚姻地图"

我们要坐下来老老实实地总结一下自己对于婚姻的看法，审视那些影响我们的婚姻信念。被称为婚姻观的"东东"，它们主宰着我们的婚姻质量。

我们要坐下来老老实实地为自己在婚姻中爱的能力做一个简单的测试。若要得到婚姻"上岗证"，要先从测试我们自己头脑中、内心里的"婚姻地图"开始。

"婚姻地图"来源于哪里呢？

1. 小时候爸爸、妈妈互动的情景进入深层潜意识。

每个人小时候视、听、嗅、味、触全部感官无分别地吸收周围的一切，包括父母作为男人、女人互动的模式，全部进入孩子的内在，形成了无痕的烙印。尤其是伴随强烈负面情感体验的场景和画面，例如，爸妈吵架的恐怖情景，爸妈面对失去的人、事、物的悲伤态度，等等，都瞬间烙在孩子的印象里：原来男人和女人是这样交流的，婚姻是这么一回事。甚至是无意识储存的大量信息，构成个人关于婚姻、家庭、男女的潜藏信念系统，在结婚后支配着我们每个人。

2. 在个人成长过程中，周围的人和环境中发生的故事的影响。

3. 亲戚朋友的婚姻状况、邻居社区里发生过的事件，以及社会媒体对婚姻案件的报道等产生的印迹及触动。

4. 个人自身的体验、经历。

5. 在没有真正进入婚姻之前，从同学、同伴间的异性互动和情感关系中经历的各种体验，以及从中所汲取的经验。

## 三、"婚姻地图"测试

测试"婚姻地图"，要先看你到底为婚姻做了怎样的准备，准备了什么？

以下问题，请凭自己的第一感觉快速写出答案，不要反复思考和评判，脑海里浮现出什么就写下什么。

1. 什么是爱情？（用 20 个以内的字描述出来）

2. 美满的婚姻对你来说意味着什么？

3. 你在婚姻中最在乎的是什么？

4. 你在婚姻中最不希望出现的是什么？

5. 好妻子的标准是什么？好丈夫的标准是什么？你和爱人的婚姻偶像分别是谁呢？

6. 你希望伴侣具备哪些优点？

7. 你最不希望伴侣有哪些缺点？

8. 对于即将和伴侣一起生活，你的心里是说 yes 还是 no？

9. 请画出你心中对婚姻的愿景图。

## 【测试案例解析】

### ● 案例一：女，婚龄 12 年，自由职业者，二孩妈妈

测试发现：自己对伴侣的要求和标准更加清晰了。结婚之前不懂，都没搞清楚要什么，感觉怎么找都不对，心里一直不舒服、不甘心。七年之痒时，感觉特别难过特别痛苦，所以开始觉察反思，开始学习如何经营婚姻。结婚前要是做过这个测试，可能就不用 7 年的时间折腾了。

做了测试后，发现原来老公就是按自己理想的标准找来的，突然感觉豁然开朗，很满意。非常感谢老公，因为遇到他，我的人生确实有非常大的改变，是他让我的人生之路走得更好。再加上我 5 年前参加老师的"爱的自由能量工作坊"的学习以后，对我个人，包括我的父母，帮助都非常大。

**老师点评解析：**

你是进入婚姻之后慢慢长大的。在长大的过程中发现，自我成长可以让自己的小家以及自己的原生家庭都好起来，并且可以顺便帮助更多需要帮助的人，为他们解除婚姻之痛。

这是一个先结婚，后成长的案例。即使在进入婚姻之前没有准备好，但是走进婚姻之后能够学习成长，也会创造幸福的婚姻。

### ● 案例二：女，30 岁，白领，未婚

测试发现：我对于有些问题是懵的，答案是空白的。根本不知道自己要什么，所以就没办法找到合适的人，这个梳理是一个很深入的自我探索过程。

**老师点评解析：**

从来就没有所谓的"恐婚""难婚"，一定是没想明白，或没有跟随

内在动力去寻找。现在的梳理非常必要。

### ● 案例三：女，38 岁，企业经理人，育有 10 岁的男孩

测试发现：婚姻偶像是黄磊，希望自己的爱人像黄磊。自觉是个比较强势的人。虽然希望丈夫像黄磊，但一点都不了解黄磊的太太是怎样的人。

**老师点评解析：**

你只想找一个黄磊那样的先生（言外之意你希望自己的爱人像黄磊，现在的他让你不满意，你希望他改变），但你想过没有，黄磊的太太是怎样的，才跟黄磊有这么和谐的关系？你是否会像黄磊的太太那样跟黄磊互动呢？

这个现象非常普遍：婚姻中的一方只希望找一个理想的伴侣，却没想过自身需要如何做、如何成长才能与理想伴侣相处。不了解理想爱人对伴侣的需要，怎么知道自己是否适合他呢？你当然可以找个像黄磊一样的爱人，但你"不是"黄磊的太太，也就不能"成就"现在的黄磊了吧？这个发现非常有意思，值得好好思考一下。

### ● 案例四：女，40 岁，全职妈妈

测试发现：我对男方的要求是很低的。陈道明、黄磊都是我的偶像，是我眼中的中国好男人形象。不是因为他们会赚钱，我只是觉得他们很会生活。陈道明会给太太裁皮包、给女儿做衣服，很有情调。希望找到像他们那样的伴侣。

**老师点评解析：**

你知道你爱人的婚姻偶像是谁吗？你希望爱人的偶像是谁？是徐静

蕾或高圆圆？你不知道？这个发现让你悟到了什么？

### ● 案例五：女，35 岁

测试发现：我的偶像是我的小姑姑，她把家庭经营得很好，与兄弟姐妹、晚辈的关系都很好。我的婚姻也要像她一样幸福美满。希望先生像黄磊一样接地气，像陈道明一样温文尔雅。

**老师点评解析：**

你希望先生是综合多种男性优点于一身的完美型男人。这是你的需要，那你设计过自己吗？你要怎样做才能与这个完美男人互动、匹配？

### ● 案例六：一对 12 年婚龄的夫妻，美容美发机构老板

测试发现：妻子在生活中的偶像就是老公，"他已经做得很好了，很会照顾我、理解我、包容我"。

先生的婚姻偶像是自己的老婆。"我要的老婆就是这样的。我很忠于这段感情，我追我老婆追了很久，终于追到了，我觉得我老婆是最好的，而且我觉得我自己做得也不错。婚姻是场马拉松，我们需要互相鼓励、共同奋斗。我非常珍惜和享受我现在的婚姻生活，我的婚姻中最不希望出现的两个字就是离婚。"

**老师点评解析：**

这两位完全接受彼此、接受自己。他们的观点非常接近，同时又很简单，所以他们会有这份不复杂的幸福，相伴前行走得很踏实，同时感情又"保鲜"。通过他们的测试使我们明白，婚姻是需要经营和建设的，

需要彼此了解对方内在的渴望。

婚姻并不神秘，也不虚幻，跟小说不一样，与童话故事也无关，就是实实在在的二人生活。当彼此相互认同，愿意相伴相守时，婚姻就成了彼此幸福相伴、通往美好生活的台阶。

## ● 案例七：男，28 岁，未婚，程序员

测试发现：我未知的东西太多了，感觉自己对婚姻很懵懂，没有想过这些问题，也不知道怎么处理这些问题。过去把所有精力都放在工作上了，现在才发现婚姻比工作要复杂得多！

### 老师点评解析：

婚姻比工作复杂得多，这个发现很有意义！

测试互动和解析后发现，许多已婚夫妻在步入婚姻殿堂之前并没有做好准备，他们以为只要二人都忠于婚姻、愿意一直走下去，就会收获婚姻的幸福和爱的感觉。他们对于婚姻的变化和将要面对的挑战，明显准备不足，经不起折腾，因此婚姻的诸种痛楚就真实地发生了。

许多未婚者也因为没有搞明白自己到底要什么、婚姻到底是怎么回事，所以对婚姻充满了恐惧和无力感。

"婚姻原来那么复杂，比工作难多了！"面对这么难的事很多人并没有真的准备好。懵懵懂懂走进婚姻，经历起伏波折，随波逐流几十年而已。但也有人主动学习，并且在婚姻中收获了三个礼物——成人、成长、成熟，在婚姻中实现了人生的跨越。如前面案例一那位拥有 12 年婚龄的太太所说，她就是在婚姻里成长、成熟起来，慢慢长大的。

只有在婚姻中不断改变、不断成长，才会收获期待的幸福。婚姻不

需要等到足够完美才开始，只要彼此愿意在婚姻中经历成长、成熟、成人的过程，就能够经营好幸福美满的婚姻。

曾有人说：婚姻和爱情没有关系，这样说未免绝对。确实，婚姻跟爱情真的不是一回事。因为婚姻就是每天实实在在的生活，而爱情也许只是一时冲动、一份激情，缺少了稳定的理性。如案例六里的先生，很重视他们的感情，他的理智一直在心中，时刻保持自己不去触碰离婚的底线，主动经营他们的感情，所以他享受着婚姻的幸福。婚姻不能仅靠感情维系，还需要足够成熟的理性状态。而理性恰恰是没准备、没准备好、不知道如何准备的人所缺乏的。如此重要且复杂的人生大事，准备不足，仓促开始婚姻生活，所以辛苦，所以痛苦！

通过婚姻地图自测，收获对自身的了悟，我们就从这里开始，探索下去吧！

## 四、"好"的婚姻观

婚姻是什么？每个人都有不同的答案，就像"一千个人眼中有一千个哈姆雷特"。有人说婚姻是爱情的坟墓；有人说婚姻是爱情的毒药；还有人说婚姻是爱情的港湾。别人认为是什么并不重要，自己认为婚姻是什么才是最重要的。还有一点也很重要，跟你一起走进婚姻的那个人，他在乎的是什么。

什么是幸福的婚姻？有人马上答："三观一定要相符。"什么叫三观呢？大家所说的三观，到底包含什么？大部分人在结婚前后，从没审视过自己的三观。婚姻地图的测试没有唯一或标准答案，但它的作用有两个。第一，审视自己对婚姻的期待，你最在乎的婚姻价值观是什么？第二，有机会跟恋人或爱人坐下来讨论，对彼此的想法是否认同，两个人的观点是否相似，所谓的三观相同总要有个标准，起码讨论一下大家认为最重要的事。婚前统一思想，是很必要的。彼此最在乎什么？最害怕什么？最期待什么？最渴望什么？

大多数婚姻都是凭感觉、凭猜测、凭想当然。"我对你那么好，我都以身相许了，你难道还不懂我吗？你应该对我好一点，你应该每天早晨端一碗面给我，你应该对我客气一点，你应该是我肚子里的小虫子，我不用说不用动，你就应该知道。"这些要求是非常苛刻的，认为既然结婚了，对方自然就知道自己的想法！

还有一种婚姻是这样形成的：把两个人像两种产品一样放到秤上，称一称彼此的家庭出身、经济条件、工作状况等，感觉分量差不多，这样最般配，门当户对。这好像是做买卖做生意的结合，符合大众标准就万事大吉，把希望寄托在结婚以后的生活。可结婚后才发现冲突如此之大，矛盾如此之多，是完全没准备好、没预料到困难的原因。

如果两人去旅行，要先讨论去哪里，准备什么装备，不然要出发了，才发现要去的地方不一样。一个人要去北京，另一个人要去南极，这会非常被动和尴尬。婚姻比旅行更有挑战性，因为它不是两个游客的临时偶遇和暂时结伴，而是两个相守的人，要在几十年里去某个地方定居。相互认同，相互允许和接纳，需要有基本认同的婚姻观，和彼此在乎的价值和信念。结婚之前，能够有相对成熟、理性的讨论，把看似虚幻的婚姻大事，真正地落实。

你看到自己的婚姻地图了吗？你完成测试之后，又有着怎样的感觉和发现呢？婚姻不是跳到幸福的海洋里游泳，而是要跟一个没有血缘关系却又最亲近的人相伴相守，两人经历漫长的路程，有可能摔跤、碰撞、流血、流汗，或哭或笑；你要在婚姻里长大，不是要跟一个完美的人为伴，而是要与一个可以把你塑造得完整的人相守。

走进婚姻时，每个人都不完美，甚至是懵懂的。经历了婚姻之后，我们才会逐渐成熟，慢慢完整。谁来推动这份完整？就是身边这个人，不停刺激、挑战，制造难题，然后迫使自己在痛中学习、成长，逐渐从眼光局限的"我以为我是谁"，成长为看到自己的所有特点——成为"更加完整的我"。

婚姻真的是一所最好的学校，在其中历练成熟、成长、成人。许多人在进入婚姻前，都活在自己的空间，跟原生家庭中的亲人在一起，可以随心所欲去做事。亲人们是包容的，允许你所有的私欲横生和天性使然，是因为那割不断的血缘关系和亲情的眷顾，即使有冲突也是容易解决的。你要跟一个没有血缘关系的人亲密无间地相处，二人所有互动毫无遮拦、完全透明，彼此"赤裸裸"地暴露在对方面前，各自的特点都一览无余，双方不断刺激彼此的盲区，彼此的舒适圈被强行打破。要建立新的平衡，真正相互接受，"我"的自在要被"我们"取代，就需要学习跟另外一个人跳好双人舞，创造二人世界的和谐，这可以说是天下最大的难题之一！

与对方跳舞的前提是心甘情愿跟对方跳，心甘情愿改变自己的节奏和舞步，心甘情愿放下自己之前的习惯，并主动创造新的和谐节奏。在彼此碰撞和被挑战的过程中，放下彼此原来坚持的部分信念，愿意为对方做出改变。

每个人先要审视自己的婚姻地图，这非常有必要。婚姻地图测试会帮你看清哪些信念有助于你们长相厮守，哪些信念根本不适合在婚姻中坚守。有很多理想主义者，如童话里的公主一样浪漫，会把生活中像黄磊、修养上像陈道明、境界上像大人物这样的好男人的所有特点，汇集在对自己丈夫的期待和塑造中；"王子们"也会希望自己的太太的美貌如赵雅芝、贤惠如刘慧芳、才华横溢如杨澜，上得了厅堂，下得了厨房，最好是个完美的女人。一旦进入婚姻，所有期待和理想都在现实面前瓦解，内心的神话破灭，"王子"和"公主"从此过上水深火热的生活，自己憧憬的幸福生活在婚姻的海洋里畅游时瞬间崩塌。必须先打破自己无效的信念，才能建立起有益于婚姻的新信念。

## 打破三个信念

第一，"王子"和"公主"从此过上了幸福的生活？醒醒吧，亲爱的！天下没有这样的婚姻，不要做梦了！男人们、女人们，生活的真相是：没有现成的永恒不变的幸福生活！幸福生活不是靠结婚仪式或承诺赋予的，也不像童话故事那么简单，而是需要两个人靠智慧和爱共同创造出来的！绝不能把自己托付给梦幻般的婚姻。

第二，幸福就是没有任何痛苦和矛盾，没有打架和吵闹，没有不顺心，只有甜甜蜜蜜。醒醒吧，王子、公主们！你连自己明天会变得怎样都不知道，怎么可以期待与一个毫无血缘关系的陌生人只有和谐甜蜜呢？所有的情绪起伏、跌宕和痛苦，都是彼此变化和成长的契机，只有各自提升智慧和能力，共同经历磨合和冲突，才能创造甜蜜与和谐。婚姻带给你的，除了成长还是成长！

第三，门当户对就会幸福。两个人若有金童玉女般天设地造的完美，自然而然就会幸福。不是的！公主和王子一定要从琼瑶的爱情小说中走出来，看到现实婚姻的意义和价值：你跟一个完全不同的人，在每天鸡毛蒜皮的小事里，每天柴米油盐的琐事中，找到共同的节奏，创造幸福的生活。切记！幸福跟你们过去怎么般配无关，跟你们以前怎么甜蜜无关。婚姻带给你们的，只有两个人在当下慢慢地共同创造美好，只有接受更完整的婚姻全貌，才能真正以成熟的心态进入婚姻，经营婚姻。

### 放下四种幼稚心态

第一种是**托付心态**。为什么大家那么在乎婚姻？是因为婚姻太神圣，把自己的生活交给了另外一个人，未来的日子一定要幸福，不能有任何的不幸或不顺心！把自己未来的幸福完全托付给另外一个人，托付给婚姻，认为婚姻是自己未来幸福的唯一砝码，婚姻能够决定自己的命运，因此一定要找个完美的人，否则不敢轻易托付。选择伴侣就变得如同称斤论重一样精细衡量，像做买卖一样计较，如此心态怎能幸福？

第二种是**拯救者心态**。这种心态在婚前常见。一个男生看到一个女生如丁香一般结着愁怨，如黛玉一般泪光点点，就会激发英雄般的拯救欲望，以男子汉的力量帮助她、照顾她。让女孩破涕为笑，男孩也就能充分享受做英雄的成就感。当男生说："我们两个结婚吧！我一定给你幸福。"女生会非常幸福地接受他的求婚，以为有了这个救自己的英雄，人生便会从此无忧。女人对男人的拯救也非常普遍，女人有天生的母性，在听到失意男人诉说人生之艰辛、生活之不幸，不知怎么活下去时，母爱会瞬间爆棚，像照顾一个小男孩似地哄他："宝贝别怕，有我在，我们两个去创造幸福，我陪你找到幸福。"这对男女结婚，女人会觉得自己足够有力量、足够有包容心，可以拯救痛苦中的男人。

但情况往往会在婚后发生变化：这位英雄走到某段路，突然发现，自己奋力拯救的人宁愿掉在水里也不想得救，习惯抱怨、诉说，以受害者的身份活在自己的状态中，不愿醒来，不想改变自己。英雄感觉自己越来越辛苦，心力交瘁，终于有一天，他会说："你太重了，我背不动。我没办法给你幸福，假如你自己不想改变、不想从痛苦中逃离，我帮不了你，也救不了你。"

婚姻不是一个人对另一个人的拯救，也不是一个人对另一个人的攀附，而是两个人平等共生的过程。

第三种是**对付心态**。很多人认为，世上没有真正的幸福，周围的每一家都是对付着生活，为了孩子凑合着，婚姻就是传宗接代，是给父母的交代。老爸老妈整天逼婚，年龄也不小了，早晚得找个人结婚，找一个人凑合过吧！这样开始的婚姻，将带给彼此和孩子无限的痛苦。在长长的相伴和共处中，不能主动地活出积极、不断变化、充满活力的生命状态，像一个消极等待、趋向死亡的僵尸，无力与另一个生命真正享受婚姻，享受近距离互动的幸福和快乐，这对彼此都是消耗和折磨。没有激情的生命，无法创造富有激情的生活。

第四种是**恐惧心态**。很多人不愿对付，太害怕丧失自己，怕受伤，怕重演别人失败的婚姻故事，所以找不到完美的人，宁可单着。前几天，有位朋友问我，有没有合适的小伙子可以介绍，她手里有一打"70后""80后"的白领女士，条件很好就是找不到满意的伴侣。我打趣说："我猜她们条件太好了，有房有车有存款，经常出国旅游，到处参加各种灵性课程，是典型的白领女士。可她们不愿意冒风险，跟另一个人过她无法控制的生活，所以一般男人驾驭不了，我可不敢随便介绍！"是的，很多人宁愿孤独终老也不敢结婚，因为孑然一身更安全，代价小，风险低。怕婚姻之痛而不结婚，也会缺失在亲密关系中成人、成熟、成长的体验。一个人玩的游戏里，缺少另一个人的挑战和帮助，也会丧失逐渐成长的乐趣。不付出代价，自然没有收获，这是公平的宇宙法则。

因为恐惧，就会做好各项防范措施，如在婚前，把所有财产公证清楚，以防离婚时有纠纷。这是受法律保护的理性行为，可是在心理深层显现的是：结婚前已准备好离婚，做这种预设的婚姻往往非常脆弱，一触即破。"不好意思，不玩了，各过各的吧。"抱着这种心态结婚的人一定会害怕把自己投入到亲密关系里，害怕互动中的变化，更害怕受伤害的感觉。所谓的防患于未然，不过是缺少去体验的信心与力量，是恐惧者的自我保护而已。

这几种心态都妨碍婚姻的经营。对照一下，你进入婚姻时，有哪种心态？若现在你还未婚，哪种心态占上风？只有了解自己，才好去找另一半，正所谓知己知彼。

夫妻二人若能走到一起，一定经历过各种碰撞、冲突和相互磨合。若期望收获平等、相互尊重，必将经历许多故事，耐人寻味。案例六的那对夫妻也是这样。先生描述太太原来就像小孩子，自己就像个拯救者：我要帮你幸福，我要帮你成长。无奈小女生不停地耍脾气，不停地刁难他，他只能期望太太去上课，让老师来帮助和开导她。先生替太太报了"婚姻上岗证"课程，太太上完课后却怪先生骗了她："你自己花钱报课却说是老师送的课。你骗我！"她不依不饶，先生无辜而受伤，说："我花了那么多钱给你报课，想让你开心，你却来怪我。"这个女生多能"作"，那个男人就多能扛。而现在小女生已经变成一个成熟女人，一个智慧母亲，他们共享默契的幸福生活，因为他们带着勇气跨越了所有冲突和幼稚，敢于接受婚姻的挑战，成长的礼物随之到来，于是婚姻成就了成熟的彼此。

## 【案例分享】

● 案例一：

　　我以前的状态正如您所说，我们夫妻共同经历了很多困难和磨合。在进入婚姻之前我跟爱人谈过，无意识地做了心理建设。我是一个很爱思考的人，经常在想：别人家的冲突如果发生在我身上，我该怎样做呢？后来我发现，某些事情真的出现在了我的生活中，对方给我的回应不是我所希望的，没有解决办法，以致事情持续发酵到比较严重的状态。幸好我碰上了这次学习机会，遇到了老师，帮我解开了那些问题。

　　托付心态、对付心态在刚结婚时我都有。通过学习，我比原来好了很多，现在变得善于沟通，能够灵活处事，不再那么无力，不再说减少对方力量的话，更加积极地面对生活了。我这段时间变化很大，当经历了奶奶去世、姑姑病重这些过去无法面对的事情后，我察觉到了自己的平静，能找到更好的办法去解决问题了。去年上完课之后，正值杭州召开 G20 峰会，我们放假，便带着我妈妈、他的爸爸妈妈，一起去云南自驾游了半个月。这在以前是不可能的，现在却很自然地完成了这件事。过年前我老公对他爸爸的事情非常焦虑，当我接纳了他的情绪时，我们的心走得更近了。我们就是这么一路走过来的，我们都很痛苦地经历着生活带来的磨难，虽然磨难依然留有痕迹，但我们的心却近了！这就是成长的魅力吧！

**老师点评解析：**

　　每个人的生活总是超不出自己能想到的部分，换个说法，每个人的生活都是按照自己的预期"创造"出来的。内心的设想就是婚姻地图，引领着我们在生活中"活"出来。当地图变了，生活自然就变了！

旅行之前若没有地图，人们会懵懂、旅程会混乱。跟随地图的旅游，是出不了疆界的。了解自己的地图，就看到了自己的生活。自己的地图最初也许很简单，但只要你愿意，总可以扩大它，更新版本。但是，不管地图有多大，它永远不能代表实地。就如杭州地图可以是1∶5000000 的，也可以是1∶25000000 的，地图的字不管多清晰，都不能代表杭州的本来面貌。自己去丈量地图上的每个景点，才能看到真正完整的杭州。

关于婚姻的学习，就是从检视自己的地图开始的，了解自己关于婚姻的信念，并不断扩大版图、修整疆域，以此发现婚姻无限大的可能性，准备好去收获婚姻过程中所有的馈赠和礼物。本书从第二章开始，共为大家带来十个主题："完成你的成人礼"，作为成人，完成与过去的告别，才真的有力量往前走；两个人如何"共建婚姻情感银行"，让彼此的感情越来越好，变成彼此的支持；学会"释放对前任的情感纠缠"，把曾经有影响的情感彻底地放下，才能全然看到眼前的爱人，百分百地投入到现在的感情中，有太多人因沉浸在过去的记忆里，并没有真正看到眼前这个人，更无法全然爱对方；单独跟男性沟通的主题是"男士准备好了吗"，聊完与男性的私房话，再跟女性朋友单独聊聊关于婚姻的学习与经营；婚姻不只是两个人的事，还事关两个家庭，在"你的爹娘，我的父母"这一章里学习怎样跟上一代相处，这是婚姻中非常必要的准备；有效的夫妻沟通技巧是"玫瑰花语"，两人通过谈情可以说爱，而不是谈情说"恨"；学习"对你的配偶说'是'"，让彼此有更好的感情生活；分享爱情楷模钱钟书和杨绛的故事，把若干不完美的婚姻与他们的"完美"相比较，是一个重要的个案解析；第十个专题则是回顾成长的历程，为自己的婚姻做准备和做总结，面对全新的人生旅程。

一个驾驶员上路开车，要接受至少一个月的培训。你想获得"婚姻上岗证"，只有十个专题是远远不够的，阅读的拓展也非常重要。

**建议配合阅读书目：**

第一本推荐的书是我的老师李中莹先生撰写的《爱上双人舞》，现改版为《亲密关系全面技巧》。第二本推荐的书是我撰写的《唤醒半睡的自己》，其中有许多章节写到夫妻关系及自我成长的实用技巧。第三本推荐的书也是我撰写的《孩子，我拿什么留给你》，这本书里有关于情绪解读和对家族关系的理解，有非常重要的阐述，也有实用技巧供你练习。

## 五、冥想——婚姻之门

两只脚放在地上，双手分开，平放在两条腿上。开始把注意力放在你的呼吸上，你只需要在每次向外呼气的时候，让肩膀的两个点落下来。当你开始把注意力放在呼吸上，每一次向外呼气的时候，肩膀的两个点都会更加放松。

你可以看到，在你的心中有一扇属于你自己的婚姻之门，是从你的现在走向未来的路途上非常特殊的一扇门。在你的内心看见它，看看你的婚姻之门是怎样的颜色，怎样的形状呢？看一看，你的婚姻之门的门槛有多高？看一看，走在婚姻之门前的你，是怎样的一种表情？处于哪种状态呢？再看一下，你是用怎样的方式推开那扇门？也许你用一只手或者两只手，同时轻轻地推开这扇属于你的婚姻之门。

门慢慢地打开，露出一条缝，慢慢地打开，直到全部打开，在你面前的就是属于你的未来的婚姻路途。看一看，路途上有着怎样的风景，你会看到怎样的颜色？看到怎样的景象呢？慢慢地在心里看清楚，看清楚在那个景物之外，还有谁呢？除了你，那个人是谁呢？是你未来的爱人，是你现在的恋人，还是你现在的伴侣？看清你和另外这个人在一起有着怎样的距离呢？是同时，还是先后？看一看，走向未来路上的你，和另外的他，你们有着怎样的互动，是怎样的相处模式？不管你看到什么，都把你看到的这一切放在心里，放在通过你的婚姻之路朝向未来的这个情景里。深吸一口气，把看到的画面放到心里。然后让自己慢慢地睁开眼睛，慢慢让自己回到这个房间来，回到现在这个时候。

**互动分享：**

我猜大家都看到了自己的婚姻之门，也看到了婚姻之门后面很多的情景。

把你在冥想中看到的情景记录下来，分享给你的爱人，也听一下对方的分享，这是生命深处的连接。

# 第二章　完成你的成人礼

## 一、你的成人三问

你觉得自己长大了吗？

你觉得自己是成人了吗？

你觉得自己的心理年龄与生理年龄同步成熟了吗，有什么证据可以证明呢？

家族系统排列学的创立和传播者伯特·海灵格先生说："一个没有真正成长、成熟的人，是没有资格结婚的；一个没有长大、没有能力照顾自己的人，是没有资格做父母的。"他的语气如此坚决，你听了以后，是否不以为然？

假如按照这个标准衡量，有多少人有资格结婚，有资格做父母呢？事实是：许多人生理上已经成年，但心理年龄严重滞后，生理和心理没有同步成长，心理仍停留在小孩或婴儿状态，对婚姻和育子毫无心理准备。

那怎么办呢？总不能停下来等着心理成熟吧！问题是很多人已走入婚

姻，已经为人父母了！心理年龄滞后也引发了令人困扰的诸多问题，并且将烦恼代代相传，急需通过有效的仪式和方法，让有困扰的人们快速成长，这是非常必要、非常重要的心理建设和心理准备过程。

幸福力导师、心理学博士海蓝女士是研究情感和婚恋问题的专家，她有一段话很经典："在你还没有能力照顾自己之前，请你不要给我太多的爱和太多的关注，因为我知道在你的爱和关注背后，是对我更多的索取，是对我更多的要求，会成为我自己的情感债务。"她点出很多人因自己能力不够，没有真正成熟。之所以结婚，是因为需要另外一个人的照顾，有着严重的托付心态和儿童状态，把幸福托付给婚姻，以此追求人生的圆满，这样的人一定会在婚后体验到彼此折磨和控制的痛苦。

怎么办？从完成自己的成人礼开始吧。中国古代的成人礼是在孩子10岁左右，把头发扎起来，称为"总角"，亲友为他送上祝福，强化他从此开始成人的意识；或者把孩子的头发梳起来冠以成人的帽子，以此提醒孩子已经长大，要开始自己照顾自己，担起"修身齐家治国平天下"的重任。宪法规定中国公民自18岁开始享有公民权，但我们却没有一个统一庄重的成人仪式来提醒每个家庭：孩子已经长大，要离开熟悉的成长环境，提醒他们自己未来需要独立承担生活的责任。近年来虽然有些学校会在高三年级为学生设计"成人礼"的仪式，但很多只是换了包装的"高考动员会"而已。人们会把结婚仪式搞得极尽气派豪华，但这无法替代成人礼对每个个体的作用。

## 二、成人礼的前提

完成自己的成人礼，先要知道一个孩子来到这个家庭、来到这个世界是怎样跟其他人互动的，是怎样完成与最亲密的人连接，一直到分离的全过程的。

许多家庭都是这样发展的：一男一女两个相爱的人要结婚，或者已经结婚了，他们准备好或者没有准备好，孩子都可能来了，这时他们就多了一个身份，不只是夫妻，还是爸爸妈妈。孩子的到来改变了他们的关系，或者把夫妻关系拉得更近一点，或者让两者更加疏远，对孩子的关注超过了对彼此的关心。这个孩子慢慢长大，有一天也要结婚，会发生什么情况呢？

很多孩子结了婚，心理上却保持着跟父母生活在一起的状态。内心没有跟父母分离，好似一个没长大的孩子，离不开父母，也舍不得离开父母。他们因为在精神上没有与父母分离，甚至是担心父母，想安排、照顾他们的生活，这时就没有办法身心合一地与自己的伴侣结合，身在心不在状态，没有进入真正的婚姻状态。这样的情况通过家族系统排列的真人代表呈现，可以非常清晰地看到其中的动力和移动曲线，"我还没长大，我不能离开你"，移动曲线背后的动力，是孩子对父母盲目的爱与忠诚，是没有真正连接而导致的难以分离。

在我的视频课程"婚姻上岗证"第三课"完成你的成人礼"中，你可以看到一个未与父母分离的女士是怎样纠缠在与父母的关系中的。她无法走近自己的先生，更无力照顾自己的孩子，因此影响了夫妻关系。他们彼此的心理上有很多不满足，都想改变对方，女士想让丈夫跟自己一起照顾父母，"跟我结婚了，我们就该一起对父母尽孝、尽责任"。而丈夫则想把太太拉到自己身边，却很无力。孩子到来以后，得不到父母的关注和照顾，感觉孤单，没有安全感。这位女士的注意力还完全在父母身上，她希望父母能相亲相爱，尽己所能地拯救父母的关系。父母关系不好，她就放不下，就没有力量去面对自己的未来和婚姻，哪怕结婚了，她又会重复妈妈的状态：继续牵挂上一代，继续无力地与爱人在一起，继续无力地照顾自己的孩子……因为她还是个心理上没有充分成长的孩子，她还停留在不安全感里，她还活在"因为我不好，父母才不好"的自罪里，她的潜意识还在用"情愿牺牲我自己，也要让你们好好的，这样我就有完整的家，就有你们爱我了"的信念在抓取爱，心理上停留在受伤的小孩子状态，无法获得充分的自信和满足，因此无力与父母分离，内心深处那个牢牢的隐形钩子，将她与父母勾在一起，只要不分离，她就永远无法成长、无法成熟，更无法成就自己、爱人和孩子。

三代人的命运如此惊人地相似，说轮回也好，叫"循环"也罢，总之每个角色代表都感觉到沉重而纠结，我们都忍不住唏嘘落泪，因为那一幕幕勾起的也是我们心中的共鸣和震动。这样的情景太普遍，太雷同，毫无悬念地震撼了看视频课程的每一位观众，让他们在角色呈现中，看到自己内心那个同样没长大的孩子，看到自己心中的痛：对父母的担心和委屈，对爱人的愤怒和指责，对孩子的内疚和遗憾，所有负面的情绪都纠结在心中，怎么能拥有幸福的婚姻呢？

这里要呈现的并不是某个人的故事，而是被很多家庭忽略的深层问题。许多家庭三代人甚至更多代人都有这样的相似的画面：上一代人的婚姻关系并不亲密，"无爱"或"不会爱"的婚姻，最初就是疏离的；相伴而生的是想拯救爸爸妈妈的孩子；然后孩子的伴侣也陷入拯救的模式里。当大家把注意力放在一层一层的拯救中，没人照顾一代代的孩子，孩子只能孤单地生活在不安中，重复父母的拯救模式。这样的孩子会幸福吗，会爱上学习吗，会有好成绩吗，会有好的人际关系吗，会有未来幸福的婚姻吗？

没有！是的，我们想要的都没有！

那么，是哪里出问题了，谁错了？每个人都活在痛苦里，都不希望如此，那么争辩对错又有什么意义？这不是我们想要的生活，那怎么办，从谁开始改变？

答案是：从任何一个人开始改变都可以！家族系统中的任何一个成员，有了领悟，想脱离这份痛苦，只要他愿意承担起自己的责任，只要他愿意真的长大，找到父母给予的生命力量，完成与父母的连接，然后充满力量地分离，他就可以改变自己，并因此改变、改写整个家庭乃至整个家族的命运！

假如一代代人已经足够痛，从痛中获得的醒悟就是改变的动力和方向！每个孩子的成长、成熟，起源于和谐的父母关系、父母真正用心经营的婚姻。如果父母的感情不亲密、不亲近，孩子很可能就没办法真正享受自己未来的生活，这是在每次家庭关系呈现中，我们被震撼到的情景！

假如继续这样的执念，每个人的痛苦都将持续上演。就像很多人说："我爸爸妈妈的婚姻不幸福，我害怕自己的婚姻也不幸福，害怕重蹈覆辙，所以我不结婚，即使结婚了在婚姻中也没有安全感。"这也是没有长大，没有真正准备好婚姻的人的心语。因为一个真正长大的人，会非常明白：孩子是没办法改变父母命运的，能做的只有从自己开始，完成与父母告别之后的成长。


## 三、成人礼的仪式


"举行"成人礼的仪式在生活中有多种做法，第一种做法是你在面前摆两把椅子，一个代表爸爸，另一个代表妈妈，想象着他们坐在对面，用下文所述的基本流程完成跟父母的释放和连接。第二种做法是，你可以跟现实生活中的父母直接连接。第三种做法是本章后面所附的冥想方式，在自己的内心世界里完成。

在想象中或现实里，面对父母。

走到父母对面，用心去看他们的眼睛。用目光交流，这是一个生命和另外一个生命的连接，所以跟任何人沟通，只有看到对方的眼睛，才是真的连接。

看着爸爸妈妈的眼睛，请你蹲下来，在爸爸妈妈面前重新成为孩子，看着妈妈、看着爸爸，一直看着，当你把位置放低，看他们时有什么不同？当你从孩子的角度去看，哪怕他们之间还有距离，你的感觉怎么样？

看着爸爸妈妈，对他们说几句话：

> 你们是我的爸爸和妈妈，你们年纪大，我年纪小，你们给了我生命，这是最宝贵的礼物了（一边说一边看着爸爸妈妈的眼睛）。有了这个礼物，我要去创造属于我的幸福，谢谢你们，爸爸妈妈。你们把能给我的都给我了，你们没给我的，我将用你们给的生命去创造，这些就足够了，谢谢爸爸妈妈，请祝福我，好吗？

也许在你小时候他们经常吵架，让你很害怕，他们甚至说，要不是因为你，他们早就分开了。他们甚至打过你，吼过你，给你留下很多伤痛的记忆。可是现在当你重新成为孩子，看到他们比你高的时候，你会发现，与他们给你的生命相比，那些伤痛都不重要了，甚至你也愿意把那一切创伤记忆都交还给他们，你愿意带着他们的祝福和力量，去过你未来的人生。

你会选择什么方式表示对他们的感谢，拥抱或是顶礼？

对他们说："请你们祝福我，好吗？"

当你表达之后，直起身来，有什么不同的感觉？哪怕他们两个之间还是很疏远。你也可以在跟他们拥抱、打招呼之后，真正地完成连接之后的分离，走向自己的未来，走近自己的爱人、孩子。

这就是成人礼，一个了结的过程，一个完成成长的过程，一个连接的过程，也是一个告别的过程。是的，现在可以真的看到父母给予的，真的跟父母连接，也真的有力量完成告别，同时接受父母以他们自己选择的方式生活。过去很多人的告别无效，都因为情感的内心连接不够充分，都因为跟父母有很多未完成的情结没有充分流动，所以卡在伤痛中无法解脱。

## 后代成人是祖先的唯一愿望

在每一次家庭全员角色呈现中，当后代完成了成人礼的分离，有力量走向自己的爱人、孩子并拥抱未来时，家族的长者包括父母、祖辈都会表现出同样的欣慰和放松，非常喜悦地祝福后代能够幸福，照顾好自己和家庭。这就是家族系统对后代的唯一期望：只要你们过得好、生活幸福，可以把生命更好地传递下去，就是最大的心愿！

所以后代对祖先真正的孝顺，是以"顺"为"孝"。最大的"顺"是什么呢？就是"顺父母之愿"，也就是照顾好自己和自己的家庭，让家族的传承永续不断。

为什么现实生活中会有完全相反的例子呢？很多老人把孩子抓在自己身边，不让他离开，与孩子的伴侣争风吃醋，或者用各种方式牵绊孩子的发展与独立，让很多孩子非常痛苦。其实我们也曾纠缠于父母的关系中，非常痛苦，非常犹豫。

　　事实真相是：这些控制孩子的父母，恰恰就是心理上没有真正成长的孩子！无关乎实际的生理年龄，没有主动成长的人，也许终其一生都困囿于受伤的低幼心理中，他们的生理年龄与心理年龄完全不符，始终生活在内心受伤的童年阴影中，把自己的人生托付给伴侣未果，又纠缠着孩子。这样无力的父母会带给孩子非常大的伤害和负担，孩子如果没有主动的觉察和成长，会跟随父母一起掉进受伤的泥淖中，无力自拔，并让自己的后代重演这种违背家族系统动力的生活。

　　所幸的是，我们在呈现中看到了真正有成长的成人的状态，看到了家族系统中祖先对后代最深的期待和祝福：只要你们生活得好，就是对家族最大的孝顺和贡献！孩子真正地长大，有力量过自己的生活，父母最幸福、最欣慰！因为孩子作为家族的传承者，能够活出自己独立的生命，就是在改写家族基因，就是在替父母活出精彩的人生。当父母在儿女身上学到独立的成长和相亲相爱，也会被推动着活出自己独立精彩的人生。这是非常令人兴奋的事。

　　所以在家族系统中，最先觉醒的人必须有勇气往前走，有勇气先活出独立成熟的自己，带动父母相爱、祖辈相爱，这样的家族才会越来越兴盛，越来越有希望。

## 四、心灵成长之义

　　一个人没有充分成长，指的是生理年龄和心理年龄不匹配，心理年龄滞后于生理年龄的发展，就是通常说的"没长大"。小孩子当然是没能力照顾自己和爱人，也没能力创造幸福婚姻的。

所有人都在追求幸福、追求成功。可是一个成功的人，假如生命中没有足够好的亲密关系，没办法跟爱人、孩子、父母形成良好的互动，他也就无法真正感受内心的满足和富足。这份感觉来源于与父母的连接，也是与生命源头的连接，然后才能收到生命这份巨大的礼物。感受到自己拥有的已经足够，就真的可以长大了。连接的那一刻，可以放下过去所有的恩怨，带着感恩的心走向未来。这时就不需要控诉父母、担心父母，更不需要跟父母继续纠缠在一起，而是可以对父母说："你们给我的礼物我收到了，我收好这份礼物，好好活我的人生。"这时的分离才是真正的分离，才是一个人独立人生的开始。

成人礼就是通过身心的共同参与，完成这份连接和分离，让心理快速成长的仪式。在当下就可以清楚地看到并体验到，父母与孩子是"铁三角"的关系，父母在给予孩子生命的同时，就已经给予了所有生存下去的力量和爱。父母没有给予的，需要孩子自己去创造。所以当孩子能低下身来，低头臣服于父母及其代表的生命源头时，当孩子能感受到无限的生命力时，孩子就真正地接受了自己本自具足的生命本性，就可以真正感恩父母，带着这份感恩告别父母，走向未来，照顾好自己和自己的家庭，把生命好好地延续下去，以回报父母之恩，荣耀父母和家族。

做这个练习时，当你站在父母对面，双眼看到父母，自己从站立到蹲下来仰望时，与父母真正的连接就产生了。这时，你的脑海中可能闪过很多画面：小时候父母争吵、被父母忽略甚至被父母打骂的那些痛苦场景。这些痛苦的记忆，一直在控制着你的身心，没有被释放和流动，所以能量被卡住了，停滞在小时候，让你没有力量长大。当连接产生时，痛苦的感觉流动之后，压抑的能量流动之后，才能真正看到父母的本质——把生命传递给孩子，使得孩子有足够的能力活下来，活得更好。生命这份礼物实在太珍贵、太伟大，足以支持每个孩子放下伤痛，真正成长。

这个过程是身体和心灵全然体验的过程，其中会有情绪的流动，更会有发自内心的领悟，不只是大脑"明白"，而是整个人都感悟到的过程。曾经的纠缠和积压的负面情绪被释放，之后就会归于平静，感受到前行的力量和勇气，全身心地投入生活。

成人礼的仪式，可以帮助每个人与父母真正连接，从而快速成长，向父母祈请祝福，活出灿烂的人生。所以，成人礼对每个人都非常重要，不管是已婚者还是未婚者，都摆脱不了成长这个永恒的课题。每个人要想有和谐亲密的关系，必须先让自己长大。可以把成人礼当作成长的练习，经常练、重复练，找到力量完成全然分离，才有资格创造幸福的婚姻，照顾好自己的后代。

## 五、冥想——成长练习

请选择一个安静的地方坐下来，双腿分开，两只脚平放在地面上，双手分开，平放在两条腿上。把注意力放在呼吸上，我们只需要每次向外呼气的时候，让肩膀的两个点落下来，我们甚至感受得到每一次向外呼气，肩膀落下来的放松会更深入，会传到全身。

让我们一边关注呼吸，一边在内心看到我们的父亲，看到我们的母亲，感受一下，当我们在心里看到他们的时候，内心的感受是怎样的？感受着这个情绪，让自己的身体慢慢低下来，低到也许你是蹲下来向上仰望着父母，也许你是跪在他们面前，让自己真的回到孩子的身份，抬头仰望着父母。保持一直看着父母的眼睛，感受一下，当你在内心里看到父母眼睛的时候，有怎样的情绪在流动？是委屈吗？是愤怒吗？甚至还有很多的失望吗？允许这些情绪的流动，甚至也允许曾经对你影响和伤害很深的那些画面在你心里流动，一幕一幕让它们流过，感受能量一波一波地在你身体内流过，也许这时你的情绪很激动，允许自己的眼泪掉下来。或者向父母诉说，诉说小时候被父母忽略、被父母打骂的那些伤痛，那是小孩子时体验到的。那些被压抑的情绪，它们一直都在你心里。

这些情绪一直留存在你的心里，使得你无法释怀，使得你无法成长，使得你一直停留在小孩子的状态，一直渴望跟父母有更深的连接。是时候了，是时候放下这些，把那个小孩子的伤痛释放掉。给自己一点时间，你可以诉说，就像控诉他们一样。过去你不敢，但现在你知道假如不经过这个阶段，你就没有办法跨越这个阶段，所以让这个部分完成。

在内心里，让那些画面出现，让自己的愤怒、委屈甚至自己的伤痛表露出来，诉说出来。你甚至允许自己一个人在家的时候，像一个需要更多释放的小孩子，你可以捶地，你可以摔枕头，甚至可以大声哭喊出来。这些情绪一直都在，存得越久，对你的控制越深，而今天是一个整理、释放的时刻。这个时间也许需要长一点，半小时，甚至一个小时，甚至是很多次不断地重复。每当你内心涌动这些情绪的时候，你都可以找一个安静的、不打扰别人也不被打扰的环境，让自己完成这样的放松与释放。这些情绪卡在那儿，会挡住你和爸爸妈妈之间的连接，也只有把这些情绪释放掉，搬开这些阻碍，你才能真正感受到父母给你的生命是一份多么厚重的礼物。只有当你感受到礼物的尊贵，能够感恩的时候，你才真正穿越了这个伤痛，真正长大了。当你完成了今天的释放，去看着父母的眼睛，跟随我的引导，在内心里对他们这样表达：

"你们是我的爸爸妈妈，我是你们的孩子，感谢你们给予我生命，这里面已经包含了所有的爱、力量和支持，这是你们能够给我的最好的礼物，你们不能给我的，我会用你们给予我的这一切去创造。爸爸妈妈，我知道我已经具备了所有的力量和爱，我可以带着这一切去过我未来的生活。爸爸妈妈，请祝福我，好吗？"

看着他们的眼睛，也许你在其中可以读到很多的祝福，直到你觉得足够了，就在他们面前用你的方式完成与他们的告别。你可以在他们面前五体投地跪下来，再一次把自己放到最低微的姿态，全然接受父母给予的礼物。你当然也可以爬到他们面前，搂住他们的腿，向他们索要拥抱。你更可以站起来，直接走到他们面前，跟爸爸和妈妈分别拥抱，再一次感受跟爸爸妈妈的连接，想多久就多久，直到你觉得足够了，直到你觉得爸爸妈妈已经把他们能够给的全部给了你，也具备了所有活得更好的力量和资源了，就让自己离开他们的怀抱。转个身，看到你的前面，那代表你的未来。也许那边有你的爱人，也许有你的恋人，也许你虽然还看不到一个具体的爱人形象，可你知道那个地方有你未来的爱人，你会感受到未来的那个点，那么强有力地吸引着你。就在今天，你在心理上做了一个重要的告别，你完成了跟父母的连接，拿到了所有的力量和祝福，你就有足够的力量让自己成为一个独立的成人，走向自己的未来，走向自己的婚姻。感受未来对你的吸引，跟着心中的感觉向前奔跑吧！

用这样的方式结束你的成人礼，让自己慢慢地在这个感觉中再沉浸一会儿，记住在这个过程中你感觉到的画面变化，把这一切都通过接下来的深呼吸，记在自己的身心里，记在自己的生命里。

做个深呼吸，把刚刚所有获得的力量和资源，全部放在自己的身体里，再做一个深呼吸，更大口地吸气，让自己带着全部的力量，慢慢地、慢慢地回到这个房间里，回到现实中。慢慢地回来，动一动自己的身体，感觉怎么样？

我的经验是，这个冥想做的次数越多，自己就越有力量，越接近成人状态。连续做 21 天以上，会发现整个人都不一样了，身边的人会好奇你最近发生了什么，脸色更加红润，整个人焕发着生机，力量感也不同了！

当你心里不断跟父母连接，不断跟父母完成告别，就真的让自己一步步走向了成人状态。在步入婚姻之前，若能完成这个成人礼，将帮助你扫清非常多的婚姻困扰和障碍。假如你已婚，连续做这个冥想，最先感受到你变化的会是你的爱人，你们的关系会在不知不觉中悄然变得甜蜜和谐；假如你还在谈恋爱，恋人也会因你的变化而不同。当你真的从纠缠父母的小孩子，变成一个成人时，你的心理会更加成熟、稳定，更接近成人状态。这时你才真的有资格结婚，有资格拥有幸福的婚姻。

**互动分享：**

在跟父母做连接和告别的仪式中，你发现了什么？感受到了什么？
（字数不限，梳理、练习、记录都是学习，这些过程同样重要）

# 第三章　共建婚姻情感银行

**情感三问**

婚姻中你到底想要怎样的情感?

你给了对方怎样的情感?

结婚是两个人的事,为什么要先跟父母连接呢?

未充分成长为成人的人,会把在父母那里没有满足的期待,投射到自己伴侣身上,渴望自己的伴侣能够满足自己对情感的渴望。如一个没长大的孩子,向爱人索取只有父母可以给的爱。心理仍停留在没有得到原生家庭的满足,保持着受伤的小孩的状态,这样的人没有能力走向爱人和婚姻。

成长一定是在心理上先跟父母连接,然后分离。只有身心合一地知道父母已经给了所有能给的,父母给不了的,自己有能力去创造,才会真的有力量经营好婚姻。

## 一、婚姻要义之首

婚姻的意义到底是什么呢？人为什么要结婚呢？难道只为传宗接代、繁衍人口吗？从生命成长和进化的角度来看，婚姻承载的意义有这样两个方面：

第一，婚姻是看到"我"的过程。

第二，婚姻是创造"我们"的过程。在真正"看到我"之后，创造属于两个人的新世界。

什么叫"看到"？我天天都照镜子，天天都看到我啊！但其实在婚姻中真正的"看到"，是指是否了解并接纳自己的本性、自己独特的个性和本来面目，是否主动建设作为人的社会和心理属性，发现更全面、更真实、更丰满的自己。

有一个简单的方法，让你了解自己因没有"看到我"而无法创造"我们"的情况。

请回答"婚姻地图测试"的第七个问题："你最不喜欢伴侣的哪些缺点？"你的答案是什么？

"不爱说话""在厕所里抽烟""爱喝酒""晚上不睡觉""粗心大意"……

当你看到爱人表现出这些缺点时，会用怎样的方式对待他？吼叫、嘲讽、发脾气、讲道理抑或是责备？他听不进去你会发脾气、失去耐性，你会说："你就这样吧，我不管你了，你愿意怎样就怎样吧！"你对待他的方式，像不像对待一个小孩子？你这样对待他时，他仍然不会改，你就继续发脾气、继续吼、继续说教、继续指责，甚至最后会忽略、漠视他。长此以往下去，两人的关系是越来越亲近还是越来越疏远了呢？答案肯定是疏远的。

很多结了婚的朋友会这样抱怨："早知道这样就不跟他结婚了，我真是瞎了眼，当初怎么就看上他了？"这些话不仅否定了对方，同时也否定了自己。当你没办法看到爱人的全貌时，很难跟他有好的相处。

为什么没看到爱人的全貌呢？因为你没有真正看到自己。看看你最不喜欢、最不能容忍爱人的那些缺点，问问自己：这些缺点是不是只有对方有，难道自己没有吗？你不喜欢和不能容忍的缺点真的只存在于对方身上吗？你不能容忍爱发脾气，自己有没有发过脾气呢？你自己粗心大意时怎样呢？你一点缺点都没有吗？还有……如果你真的诚实，你会发现你自己毫无例外地也存在着所有这些缺点！你只是在爱人身上发现了你最不能容忍的，你是想通过改变对方，在否定自己！

这个发现会让你有些尴尬，是吗？你一时语塞，无话可说，是吗？然后你会静下来思考，开始面对真实的自己。

请老老实实重新看"婚姻地图测试"第七题的答案，问一问自己："我不喜欢对方的那些缺点，我有没有？"老实一点、真实一点回答。你也许会说我又不抽烟，我没有！亲爱的，静一静，你知道让你生气的不只是这个抽烟的行为，而是不管你怎么说他都不改，是吗？那么问问自己，你有没有很多缺点，不肯改而且也还没改的呢？

既然你也有缺点，并且不愿意改甚至不能改，那么为什么一定要求对方改变呢？有种现象叫"灯下黑"，形容人们不容易、不愿意看到自己的问题，却容易在别人身上发现同类的问题，然后把注意力放在改变对方上。因为这样自己不会难过，让别人改变比让自己改变更堂而皇之，更理直气壮，因为"我是好的，你是不好的"，可以让自己仍保持在道德优越感的高处，享受高尚感。

但是结果和过程一定会很折磨人，甚至伤害了彼此。就像自己不去正视脸上的污点，不擦污点却拼命擦镜子一样，无论怎么努力都会在镜子上看到那个污点，哪怕砸烂镜子，或者换镜子，都还是挫败的。

对方觉得越被改变越想对抗，自己越改不成越痛苦，两人的感情越来越疏远，关系越来越糟糕，彼此都成了受害者，抱怨指责变成沟通的主旋律，与想要的感情越来越远。然后以"我知道改不了，随便他，不管他了"转变成冷漠和忽略，把对方越推越远。有人说："当初结婚时，觉得这个人还蛮好的，期望有美好的未来，谁知道现在变成这个样子。怎么过着过着就发现他全身都是毛病呢？人真的好可怕啊！"

其实并不是别人身上毛病多，而是在亲密的互动中，你被迫在对方身上"看到"了自己过去潜藏的"毛病"，让你被挑战，无处可逃，这就是最简单的"镜子原理"。配偶和爱人是帮我们照见自己不愿面对的、被压抑的自己的镜子，他们不是被投诉、被控制、被改造的对象。结婚并没有给我们改造对方的特权啊！

这就是通过婚姻看见真实完整的"我"的过程——除了看到过去自己认同、喜欢的"优点"，还看到自己一直压抑抗拒的许多"缺点"，除了接受自己的优点，还要面对和接纳自己的缺点。这个"看见"的过程，就好像在一个阴阳同存的太极图中，看到黑也看到白，看到黑中之白，也看到白中之黑，甚至还看到分不清黑白的模糊地带，这才是生活的真相。每个生命的真实状态是每个人不只有好的、优秀的一面，还有不好的、带着灰暗色彩的缺点，只有面对和接受这个真相和真实，才是一个完整的人。

当然，要做到这样的"看到"，是需要勇气和胆量的，或者要被迫由外力推动才能"看到"（伴侣就是这样的推动力之一）。每个人在成长过程中，习惯了忽略、逃避、掩饰自己的缺点，习惯了把最积极、最阳光的一面呈现给别人，习惯了做到最好、最完美，以为只有这样，才能得到父母的爱，才有资格活下来。所以我们害怕被指责，拼命想让自己变成最好、做到更好。就是在这样的过程中，我们越来越远离真实的自己，越来越不能容忍"不好"的自己，把那个"不好"的自己拼命地压进地下室里不曝光，当然因此也学会把手指伸出去，指责别人，想要改变别人。对自己的缺点和不足有多不接受，就会对别人有多苛刻；对自己越不了解，就会更加难以理解别人。那些追求完美的人和挑剔难缠的人，只是没有意识到自己的潜意识有多么害怕"不够好"，多么渴望打败这些"不够好"，才会觉得安全。

发现并正视自己不完美最简单的方法，就是在爱人身上发现你最不能接受的缺点。当与没有血缘关系的爱人亲密相处时，势必会通过看到对方身上的缺点，来正视自己同样存在的不足，把指责别人的手指收回来指向自己，让自己无处可逃，诚恳地面对自己也不完美的完整真相。

请把测试第七题中，你最不接受的对方的缺点念一遍，然后把每个缺点前面加个"我"字。"我"是拖拉的人，"我"是不讲卫生的人，"我"是一个宁死不改的人，"我"是一个只看到别人有缺点的人……

体会在这个过程中内心的感受。当一度习惯指责别人，习惯了掩饰、逃避、忽略自己的阴影，养成了自以为是、"我是好的"的认同之后，现在转而面对真实的自己，一定会不自在，会尴尬，想要逃避。是的，这也是现在真实的体验！但你必须带着勇气面对这种不自在，看到真实的自己是转变的开始，这种尴尬的感觉在提醒你：要改变自己过去的习惯了，不再把矛头指向别人！

这就是婚姻的第一要义：通过伴侣看到真实的自己，学习接受、包容自己的一切特点，包括阳光和阴郁，包括受到对方攻击、自己还不认同的所有特点。

两人在情绪发作时，会口出恶言，哪句话最狠、最解气就说哪句。对方会揭开你的伤疤，诟病你的缺点，让你伤心、气愤，因为你认为对方是在侮辱你、颠覆了你的形象。事实却是：你确实就给对方留下了这样的印象，这样的表现是你自己真实的一部分！既然难受，就要改变对待自己的方式。过去是逃避、忽略、掩饰，现在去学习"接受"：接受自己是不完美的这个事实，接受自己的那些缺点。同样，我们之所以能看出对方这些缺点并且非常在意，其实是因为自己也有。

接受的过程需要勇气来面对尴尬，但要好好体验这个尴尬的过程。因为只有看到自己的不完美，接受自己的不完美，才会有更真实完整的生命体验，才能更理解和接受别人。

之前，我们对自己很宽容而对爱人很苛刻，总是很容易发现对方的缺点和不足，并竭尽所能地尝试改变对方。可是越费力改变对方越感到痛苦，最后变成对自己和二人关系的伤害。从现在开始，请你看到真正的自己，接受自己的不完美，接受自己是个普通的男人或女人，接受自己的身上有爸爸妈妈传承的缺点，也有其他人都会有的缺点。自己并不比其他人神圣、高贵、圣洁，也不比其他人更低贱，自己的缺点很难改正，别人也是如此。这时你就会从自以为是、骄傲、认为自己很完美的想象回到现实中，与别人完全平等。学着接受爱人也是个普通人，"原来你和我一样，也是一个活生生的人，"放下期待，平等地爱他，共创"我们"的"情感银行"。

## 二、婚姻要义之二

有人说婚姻是一种错位的互动，两人因为不同而相互吸引，又常因差异产生冲突甚至导致分离。两人性格各异，则更容易因对方与自己的不同而相互吸引：如一个性格慢的人，喜欢跟一个爽快的人在一起；性格偏内向的人，更渴望靠近外向的人；习惯倾听的人更容易吸引爱说的人；比较被动的人总是期望由主动的人安排生活。一个南极，一个北极，一个似火焰，一个如海水，反差越大吸引力越大，于是婚姻的差异就变成了彼此的吸引力，差异有多大，吸引力就有多强。但是，请注意，这个吸引力只存在于婚前或者蜜月期！一旦结了婚，双方就开始致力于相互改变，差异有多大，改变的动力就有多强，痛苦的历程就有多么漫长！

改变什么？把对方变成自己期望的样子。因为对方的节奏和习惯都跟自己很不一样，蜜月期之后，不协调的节奏就变成了碰撞和冲突，不舒服和不适应造成沟通成本变大、各自的生活舒服圈被打破，于是就希望把对方改变成跟自己一样的，或者跟自己内心期望一样的人，认为这样就会省事，就会舒服，大大降低沟通成本。为了达到这个目的，双方开始了"艰苦卓绝"的改变对方的斗争。要么对其完全否定或全盘扼杀，要么限期整改，只为让自己更满意更舒服。对方也一定会顽强抵抗，绝不情愿放下自己几十年间养成的一切习惯。结果呢，一定是两个想改变的人，彼此折磨、彼此对抗，开始无尽的痛苦。就好像两个战壕里的对峙者，都希望把对方降服，拉到自己身边，把对方改成你希望的样子，要么同归于尽，要么有人主动撤离战场另寻他路。无论怎样，在硝烟弥漫的战场上，一定与幸福无缘。

婚姻中的你们若想改写剧本，能做的是什么？

放下对立和差异，我接受你，你也接受我。"求同存异""求同尊异"，两个不同的人共同创造相同的东西，创造"我们"。

同处性格南北极的夫妻，会有哪些相同的部分呢？对家的定位和期待，对婚姻的看法，对老人的态度，对金钱的支配，对家和工作的观点，对未来的向往和规划，对两人感情世界的憧憬，养育孩子的目标……这些都是"我们"的构成部分。此外，相同点还包括共同的乐趣，共同的朋友，共同的社交，共同的工作环境，共同的回忆，等等。这些都取决于彼此的开放与沟通，取决于相互的容纳与接受，以及共同创造的新的部分。

两个天天一起生活的人，一定是"我们"的部分越多，默契度、和谐程度越高，幸福指数越高。两人在一起也许不需要说话，一个眼神对方就能心领神会。那感觉会很美妙。因为二人共同的部分很多，随时都能感受到彼此的心灵感应和情绪的同频共振。沟通无障碍的默契从哪里来？一定是曾经经历的、相互包容接受的部分越多，默契程度越高。幸福就是你知我知的默契和共同拥有的经历，幸福就是你侬我侬的心心相印。

这也是所有人对婚姻的共同的目标。幸福的婚姻最好像财富无限的银行，总有取之不尽、用之不竭的情感货币共同属于两个人，这样感情就可以保鲜，永恒不变，白头偕老的愿望就可以真正实现了。

假若这真是你所追求的目标，那么从现在开始，你就要创建属于你们的"情感银行"。银行关于储蓄的功能是这样的：先把钱存进账户里，需要的时候才能取得出来。虽然你也可以只取不存，但当你超过了一定的额度和限制，你会透支，出现负资产，这时就必须加付利息，或者承担丧失信用的风险和一定的法律责任，再也无钱可取。两个人的情感银行也是这样，每个人都需要不停存入对彼此的接受、包容和自己的担当、责任，你存进去的越多，源源不断，提取的才会越多，绵延不绝。

创造"我们"非常重要的途径，就是创建情感银行——**你想要什么，就往情感银行里存什么**。过去跟对方要什么都不给，是因为他本来就没有，双方的情感银行账户是空的。假如你不断往银行里存你想要的，不断为对方付出你的爱和感恩，某一天你会突然发现，奇迹出现了，他变了，他展现了让你惊喜的一面。这就是情感银行深藏的秘密。

情感银行是两人的共同部分，需要彼此储存自己的期待。我不断地投币进去，不断地储存，爱才会越来越多。我不存，里面是空的，就没办法取出来。两人情感世界的法则永远都是：你给出什么，得到的回应就是什么。如果你存进去的是指责、说教、否定、嘲讽，那么对方很快会把这些加了利息回应给你。

我曾在商场里看到一位先生和太太很开心地在试衣服，先生拿了件衣服穿上，太太扑哧笑出声来，说："看你穿上这件衣服像只熊。"先生回身对太太说："你怎么像只老母鸡？"付出的和得到的，那么快就呼应了，我忍不住笑了。

两人的互动及其与世界的互动都巧妙地展现出：你想要什么必须先给对方什么，不想得到的，一定不要给。这个宇宙间的因果法则，也是自然界里非常简单又奇妙的规律——种瓜得瓜，种豆得豆，种瓜永远不会得豆，种豆也不会得瓜。放在情感银行里的储蓄就像种下的种子，种下指责、否定、嘲讽的种子，就永远不会收获欣赏、爱和感恩的果实。

有些人用说教、指责、否定、嘲讽的方式改变爱人，结果收获的是爱人的反唇相讥。长期积累下去，两人连攻击的激情都没有了，变成了冷漠、疏离。情感银行的帐户里一定是越来越空，甚至出现了负债，这是很危险的。

请看婚姻测试第六题：你希望伴侣有哪些优点？

"爱运动、多讲话、多陪孩子、有担当、分享自己的喜怒哀乐。"你希望爱人拥有这些特点，他知道吗？他做得到吗？你都用什么方式向他索要？有效果吗？

是的，常常是你越要他越没有。你把注意力放在索要上，他没有满足你的需求或是不想满足你，就会造成你的不满，越祈求越得不到，你就越痛苦。

《民政事业发展统计公报》显示，依法办理离婚手续的人数在逐年增长，飙高的数字不断刺激着人们脆弱的神经。据统计，2018年全国共有446.1万人离婚。这只是结婚证换成离婚证的数字，不包括走到离婚这扇门之前，那些相互改造、相互对抗、相互折磨、从情感银行里不停地取出有限存款的夫妻。

很多人痛苦的是，无论怎么做，爱人就是不改。把最亲近的爱人变成改造对象，其实是一个非常大的误区。婚姻中你要放下改变对方的欲望，变成接纳和允许。

有一位婚姻不幸福的先生来到我面前投诉他的太太，说跟太太过不下去了，太太又懒又馋，有一大堆的毛病。我问他："当初你们谈恋爱时她也这样吗？"他说："那时候看着她也是懒，也是馋，就想她年纪小还没长大，结了婚就好了，结了婚我慢慢帮她改就好了，可是我发现结婚之后我改不了她，她依然是这样。"我对这位先生说："你错了，婚姻永远不是改变对方。假如你已经准备好跟一个又懒又馋的人在一起，你必须接受结婚之后她会更懒更馋，你要做好准备才跟她结婚。否则，你一定痛苦。"

## 三、建设情感银行

建设情感银行的第一个要点：**不要期望改变对方，学习先接受自己，再接受对方。**这个接受不是忍受，也不是压抑，而是真正意识到自己也是如此，很难改变，对方改变不了也是人之常情，这样你才能接受对方。

### 互动练习

1.看见我：

（1）在 A4 纸上写下：我最不喜欢爱人的缺点有_____。

（2）在每一个缺点前加上："我是一个_____的人"。逐句念出，体会自己的感受。

（3）再在每句前加上："虽然我不愿意，但仍然接受"这几个字。再逐句朗读，体会自己的感受。

（4）再变成："当我接受我自己，我开始接受我的爱人有_____这些特点，我们都是普通人。"再次体会自己的感受。

经常做这个练习，每当你被对方刺激到负面情绪时，就是一次自我接纳的大好时机。

2.创造我们：

（1）两人一起坐下来，每人拿一张 A4 纸，分别在纸上写下：

对家的定位：

对婚姻的看法：

对双方老人的态度：

对金钱的分配及使用：

对工作的观点：

对未来的期待：

对两人感情世界的所有憧憬：

对抚育孩子的看法：

（2）分享彼此的观点，看有哪些是相同的，有哪些是不同的，可以就此展开讨论，保留共同的观点。

（3）对彼此不同的部分保持允许和尊重的态度，并在日后适当的时候开展讨论。

（4）这个练习可以3个月左右做一次，彼此交流看法，创造越来越多的共同点。

建设情感银行的第二个要点是，**弄懂自己想要什么，先存进去**。这个人人都懂的因果法则，应该如何做到呢？

你想与爱人孕育和谐、甜蜜、幸福的果实，就要先让自己感受和谐、甜蜜和松弛；然后让爱人感受和谐、甜蜜、松弛，放下指责，放下说教、忽略、期待，给对方他愿意要的。这样自然会收获果实：对方发生着主动的、不知不觉的变化，他开始肯定你，自然地表达对你的欣赏。当符合了因果法则时，过去求之不得的，就轻而易举地收获了。

创造"我们",一定要先与爱人做好"连接"。假如两人有完全不同的兴趣,完全不同的人际关系,完全不同的时间和空间,即使两人待在一起,可是已经没有"我们",怎么可能幸福和甜蜜呢?

现在清点一下,你跟爱人相处到现在,你们的情感银行里存的是什么?从1分到10分,10分为最高分,你存的"幸福币"是几分?你对爱人的满意度是几分?猜一猜爱人对你的满意度会是几分?这几个分数相加就是你们情感银行的存款额了。你满意吗?若想增加储蓄额,要做到:

第一,**放下傲慢,学习接受,不再逃避**。接受"我一点都不完美,但我是完整的"这个事实。其实自己就是一个普通人,要放下自己的傲慢,接受彼此的不完美。不再回避自己令人讨厌的那些特点。指责对方,就是把自己放在傲慢、不接受的位置上了。

第二,**放下祈求**。一些恋人或伴侣的互动模式是:一个人总在祈求对方不断付出,认为这才是幸福的根本。祈求不能带来真正长久的恋爱和伴侣关系。情感银行本质上是平等的,你存他取,他存你取,共同经营。如果一个人只存不取,另一个人只取不存,长期付出与收取不平衡,情感平衡一定不会长久。今天你对我好一点,明天我对你更好一点,互相给予,日积月累,付出与收取基本平衡,两个人才会越来越好。假如今天你取出一点,明天他也取出一点,双方都觉得理所当然,不再往里面存,最后账户上一定亏空,将无爱可取。

祈求绝不是创建"我们"的方法。在一些濒于破裂的婚姻关系中,当有一个人决定离开时,另一个人就开始祈求:"求你不要离开,我会改的。"其实这时的婚姻已经长时间处于付出与收取不平衡,情感不平等,靠暂时的可怜祈求不可能自动恢复平衡。

婚姻中两个人的关系是平等的，无关乎体重身高，在心理上谁也不比谁高，谁也不比谁低。门当户对的幸福，绝不取决于物质条件，而是由心理上的关系决定的。骄傲的公主或傲慢的王子，会这样对待另外一个人："你们家一直在小县城，不知道大城市都是这样。我们家就不一样了，我们家从爷爷辈就来到了大城市……"蔑视之情溢于言表，傲慢的话语一出，两人即刻天上地下，无尊重平等可言。

拯救心态是另一种不平等。英雄救美或田螺姑娘下凡，都会剥夺对方独立成长的权利，纵容了不成长的"儿童"安于现状。

真正的平等就是两个人愿意一起为情感银行存款，一起为小家添火加柴，共同付出。有人问："到底选择我爱的人还是选择爱我的人呢？"这个答案要由自己找，看你想要怎样的婚姻。你若爱对方，不停地去祈求；或者被爱，让对方来求你，都不是平衡、有效、能够长久相处的关系。若想天长地久，一定是你愿意为我付出，我也愿意为你服务，如此才会平衡，才会长久。

第三，**彼此接受**。一边跟对方相处，另一边又瞧不起他，甚至还想改造他，这样的日子会很难过。所以要像接受自己一样，接受对方的各种特点。这样的接受是相互的认同和尊重，是彼此的平等与理解。

我们从小习惯用好坏对错来评估，所有人都想做好人，因为好人浑身都是优点。就像一个小孩子看电影，先要问哪个是好人，哪个是坏人，只要是好人就会喜欢他，只要是坏人就会讨厌他。嫉恶如仇的二元对立，只是孩子的思维，不符合这个真实而丰富的世界。只有摘掉好坏的对立标签，才能真正看到一个更完整的人，才能看到一个人的所有特点，接受他的所有特点，才是真正地尊重他，接受他，才是无条件地爱他，真正允许对方做他自己。接受他本来的样子，带一份好奇，看这个与自己不一样的人如何处理事情，就会让自己多了一份生命体验。把对方改成自己想要的样子，是对这个人本质上的否定，谈不上尊重，更谈不上爱了。

## 四、如何照顾自己

假如别人的言行触动了我，让我感到烦恼和痛苦，这其实跟对方没关系，是你自己的情绪有了波动，被触动的情感是自己过往压抑、忽略、没有解决的问题，或者是创伤情绪触点。是时候自己照顾自己，为自己做事了。

做什么呢？找个安静的空间，让自己坐下来，跟这个痛的感觉在一起，允许并跟随这份感觉在身体里、内心中流动。无论整个过程中有什么画面出现在脑海中，出现什么声音，身体有怎样的反应，都允许这一切发生，并且不需要做任何解释和评价，更不需要去定义任何现象，只要带着足够的信任和耐心，跟随这个过程慢慢从起伏到平静，直到最后，感受身体和内心的放松，甚至是情绪震荡后的疲倦，这就是一个自我疗愈和清理的过程。

在这个过程中，也许你同时就会有所了悟：对方刺激自己的情绪，让自己难过，其实是重现了很多过往的事件。你以为自己忘记了，其实记忆一直都在。小时候有一次被爸妈否定，被骂了一顿，你觉得很难过，现在有人语气很重，刺激到当年难过的痛点，进而充分地释放掉卡住的能量，这个伤痛在流动中愈合了，你就可以从中走出来，轻装上阵，来到一个新的平衡点，生命有了更轻松的状态。这样的化解相当于对方送了一个大大的礼物，虽然包装粗糙，但能使自己的愤怒或怨恨瞬间转化为感恩。这是一个很棒的收礼物的过程！我猜，你一定爱上了这个过程，爱上给你"送礼物"的人了！

总结一下，在"我们"的互动中，放下评判和指责，带着**好奇观察对方**。他的做事特点与自己如此不一样，他会经历怎样的过程，是否也会有期待的结果。这个过程中如有触动到自己的情绪，就老实一点，自己做功课，**释放自己的创伤点**。释放的方法很多，除了上述的自然流动清理技巧，我的另外五本书（目录见勒口图片）中提供了很多技巧和练习。

完成自我疗愈后，与对方在喜悦和放松的状态下有效沟通，**达成共识，一起创造"我们"**。两人一起做一件事，看看会创造出什么。

比如，夫妻俩商量一笔钱怎么用，一人提出 A 方案，另一人提出 B 方案，若争对错，就会带来困扰。若尊重彼此的不同，可以此次选 A 方案，下一次按照 B 方案，第三次可能会有共同商讨的新方案，或者有人主动说"我听你的！"这样，很多矛盾就轻松转化成共识，享受尊重彼此的幸福。

学会创造"我们"、共建情感银行的第三个要点是，**用"我们"的语言，用"我们"的行动，用"我们"的念头，创造"我们"的未来**。

"我们"的语言：夫妻间无话可说，有时是觉得说了也没用，反倒会引起误会或更多麻烦，这是以往互动的经验。所以夫妻、恋人间沟通需要注意，要有"底线"，不可轻易触碰。有些人谈恋爱，一句不合，马上喊分手，结婚以后也是把离婚挂在嘴边，视婚姻如儿戏，伤害彼此的心。而如本文第一章案例六那位先生说的那样："我很在乎这份感情，所以我不会离婚的，也从来不提离婚这件事。"我选择不撒出伤害的种子，就不会结出伤害的果，所以要小心自己每一次说的话。这些言论和表达是在增加你们情感银行的储蓄，还是在透支你们的情感银行？你所说的，是为了"我"，还是为了"我们"？如果你真的在乎共同的目标，就要放下"我"的任性和随意，从"我们"的角度思考和表达。

"我们"的行为：所有的行动同样也需要注意，家暴、毁坏东西、冷暴力，都会伤害彼此，透支情感。个人的习性，只要与"我们"无益的，都需要改正，都需要放下。为了"我们"而放下"我"的过程，就是成熟成长的过程。

"我们"的念头：现实生活中，语言和行动还好调控，每分每秒流动的念头实在难以控制。有人说："我也知道否定别人不好，所以我忍着不说。"但真实情况是，你虽然没将否定说出口，但念头在动，同样也是否定能量的流动。对方在潜意识中也感应得到，对方也忍着不说，两个人都"种"了忍着不说的种子，关系会僵持，爱无法流动，同样难过。积压的念头往往会蓄积更大的能量，就变成下一次冲突爆发时摧毁性的语言或行动的动力。

那否定的、隐忍的念头怎么管理呢？从看到自己的真实、接受自己的真实开始。你接受了完整的自己，包括喜欢的特点和不喜欢的特点，你能接受自己的阴影时，自己的包容心和慈悲心就自然形成，就会不再评判和否定别人，不再释放伤害别人的能量。当发现自己有爱、有力量，同时也存在着软弱、自私的念头时，就老老实实对自己说："我也是自私软弱的人，我也是笨拙、不懂道理的人，别人的缺点我也有，我把自己彻底解放了，我就是个普通人，我爱我自己。"

这时再看别人就会自然生起"你也是普通人，你也不完美"的念头。我能接受自己的不完美，同时也能接受你的不完美，我们是一样的，我爱你！所以先接受自己是最重要的，真正的接受是释放了痛苦情绪后自然生发的感悟。你对自己和对方的接受，对彼此都是释放和解脱。

放下对别人抗拒、否定的念头，先从放下对自己的抗拒和否定开始，从接受自己开始。

创造"我们"，在实践层面，要建立一个解决冲突的机制。两人若已到了对抗、斗争的状态，再走下去可能升级为暴力甚至分手。当彼此都陷入激烈的情绪中，我们该怎么办？

为防万一，要提前设置有效的方法。夫妻在结婚之前做个约定，假如两人都控制不住火气，可以怎么做？

曾有一对夫妻告诉我，他们约定，每当这时一定有个人让自己先从激烈的情绪中抽离，无论用什么方式都得平静下来，有一个人先"撤退"。还有夫妻约定的机制是不让冲突过夜，不管打成什么样、闹得怎样痛苦，一定要在当天晚上睡觉之前和平解决。长时间的冷战、冷漠、冷暴力对二人感情伤害最大。

有效的冲突解决机制包括：两人中更有觉察力的人先叫停或同时叫停，另约双方平静的时间，换个空间重新面对；还有一种游戏的方式，石头剪子布，谁赢了听谁的。此外还可借鉴"太空舱"方法，这是李中莹老师在《亲密关系全面技巧》里介绍的，两人创设一个安全空间，彼此不批评，只能表达自己的感受。

总之，设置冲突处理机制，就是为了及时停下来。所有机制的目的都是：不要让你们情感银行里存的钱全部花光。不可用离婚要挟别人，激惹对方，盛怒之下，赌气离婚，之后后悔，重新来过就非常艰难。切记，一定不要把弦绷得太紧，让彼此没有退路，一定要让彼此有为对方"充钱"存爱的机会。

有人求助："为什么过去我们两人挺好的，现在越过越不好？"这也是因果法则。跟银行取钱一样，用了就少了，若想源源不断，必须不停播种，不停存钱。若想让感情不断更新、有新能量进来，就需要不停地投入尊重、平等，投进允许、接受，越投入，收获越多。

不要只想从婚姻里拿走什么，要问自己为婚姻付出了什么？自认为是公主的人，进入婚姻，想要的是疼爱和娇惯，却不想为对方付出。就像不往账户里存款，只想取钱，会很快消耗掉银行里的储蓄，要么非常辛苦地还款，要么只能过不想要的欠债生活了。

我曾在网络上看到一个人写的手记："我终于离婚了。"她记录了跟一个男士相亲、结婚、婚后痛苦及挣扎离婚的全过程。她讲到一件事，说结婚时发现了他的某个行为，当时就想这日子没法过了。然后她以为自己一直在挣扎，努力维持着婚姻。但事实是，在她动了"日子没法过了"这个念头时，后来的生活实际只是在不断为"没法过"搜集证据，最后证明自己的正确，分手早已注定了。

我们看到的世界本是我们投射出来的一面镜子，一切都起源于我们的心。幸福的婚姻是放下对对方的索求和改变，从自己的心出发，改变想法、说法和做法，创造出让自己喜悦自在的婚姻关系。所以，我们想要怎样的婚姻，就要按照宇宙法则主动去创造，主动去种与之相应的种子。


## 魔力种子四句话

婚姻中先能看到"我"，才能真正看到对方，进而才能在一起创造"我们"，为情感银行投资，创造共同的情感财富。有四句超级有魔力的话，每天使用的人都感叹效果的神奇，各自的生活都出现很多奇迹。这四句话是**"对不起""请原谅""谢谢你""我爱你"**。假如你暂时不知道往情感银行里存什么，就可以随时随地发自内心地对爱人说：

"对不起""请原谅""谢谢你""我爱你"。你甚至不用当面说，只要悄悄地躲在一边，在自己内心里说就好。你会发现家里的能量场在变化，你时刻在种充满正能量的种子，自然会收获正能量的果实——与爱和感恩相关的能量，会出现在你的家里，围绕在你身边，奇迹自然会不断出现了。

从今天开始，从此刻开始，随时随地把这四句话存进你的情感银行里，然后期待收获奇迹吧。

## 五、冥想——心灵之海

下面是一个简短的冥想，让我们做一个小小的休息。

让自己分开双腿，分开双手，把注意力放在呼吸上。每次向外呼气，肩膀的两个点落下，一方面可以关照到自己的呼吸，另一方面让自己脑海中的画面慢慢地展开。

你看到自己面前是一片一望无际的大海，海面在阳光下泛着非常耀眼的光，你知道这是你内心的心灵之海。在你的心灵之海内储存着非常多的宝藏，多得连你自己都说不清。当你面对无比宽广的心灵之海时，你伸了一个大大的懒腰，长长地舒了一口气，感叹："原来我拥有这么多的宝藏。"突然之间你好像就被疗愈了，内心的那份匮乏感、紧张感一下子就烟消云散。你拥有像海洋一样无边宽广的心胸，藏着无比富足的宝藏，体会这一种美妙的感觉。你知道这其中藏着海星、海葵等非常美丽的植物，你也知道这其中藏着凶悍的，像鲨鱼、鲸鱼一样的动物，这些凶猛的动物一旦发作起来也会破坏这个海面的平静。

你看见，就知道这其中有很多你接受的存在，其中也有很多是你害怕的，是你不希望见到的同时也真实存在的，就像太阳和月亮，各自有不同的职责，你的心灵之海里也藏着不同的能量，所以在你的心灵之海面前好好地呼吸吧。你所需要的一切已经具备了，这个发现让你很放松，很自在。

然后你发现，在你旁边有一个跟你一样的生命，一个人，他也在欣赏他的心灵之海，他也在琢磨、玩味属于他内在的世界。你突然发现原来你们两个拥有一片相同的海洋，原来你们没有什么不同。这个发现让你们两个相视一笑，彼此多了很多熟悉和亲近的感觉。然后你们像两个小朋友一样开始玩起游戏，你从这个心灵之海中舀出一勺放进他的桶里，他从这个心灵之海舀出一碗放进你的桶里，你们两个人为对方舀着，越舀越多，越舀越多。然后你们发现那片大海照样是浩瀚无边，没有缺少什么。你们两个身边的容器中都拥有了足够多的爱。然后你们又玩起了交换的游戏，他把桶交给你，甚至你把他桶里的水倒在你的桶里，然后多出来的水又回到大海里。两个人就像两个小孩子一样，忘情地玩着，玩着，体会着过程中所有的喜悦，所有的放松。也许你听到了你们的笑声，也许你看到了你们两个欢笑的画面，甚至你可能还闻到了属于你们的大海的味道，所有的这些体验都进到你心里。不知不觉中，你好像悟到了什么，你好像在充分地享受着这份满足、这份乐趣。

在这个过程中好好地享受一分钟，然后让自己在准备好的时候，慢慢地睁开眼睛，回到这个房间里来。

欢迎回来！

**互动分享**

1. 你愿意为对方做什么？

2. 你愿意为对方放下自己的什么习惯？

3. 你接受对方和自己有什么不同的习惯？

4. 你宁死也不愿意放下，仍然要保留的是什么习惯？说出来，让自己看到，然后告诉你的爱人："我别的都可以，但这个我坚决不改变，你要允许我保留这个习惯。"你要告诉对方，这也是共建"我们"的过程。

5. 你怎么说、怎么做、怎么想，才会让你们的感情更好？

好好想一想这五个题目，非常诚实地写下答案，然后跟恋人或爱人沟通一下，分享彼此的回答，两个人建立的"我们"会更多一点。

# 第四章　释放对前任的情感纠缠

## 情感之问

为什么我每天跟爱人在一起，却感觉不到他的存在？

无论怎样我都忘不掉曾经的恋情，怎么办？

有这样一位男士来咨询："社会上有种很微妙的现象，很多男人结婚前使劲地玩，如泡吧、撩妹……把可能在婚后出现的诱惑，都提前体验过了。他们认为这样婚后就会把心收回来，踏踏实实过平常日子。这种想法正确吗？对未来的婚姻会有什么影响？是不是该玩的都玩过，婚后就不会出现被诱惑的情况了？"

这类人群对婚姻会有怎样的信念呢？婚姻真的是一个可以从头来过，跟以往毫无关系的独立的存在吗？他把"玩"和结婚分开，认为结婚是一种特定的状态，要承担责任，专一不滥情，而"玩"就可以不用承担责任。把所有好奇、新鲜的事物都体验了，接触的女性多了，抗诱惑能力就强了，婚后就不容易做出格冲动的事情。这个观点，在男士中得到了很多人的认可，大家期望用这样的方式，断掉婚后所谓的"不规矩"行为，或者用这样的想法，给自己随意的性行为找堂而皇之的借口。网络上曾盛行一句话："女人要找那些已经玩够了、不想玩的男人，他的心在婚后更能静得下来，不会轻易被诱惑。"真的是这样吗？

我带着好奇，去采访了很多女性，问她们怎么看待这样的情况。假如她们的丈夫是这样的，在婚前把所有"沧海"全经历了，现在与她甜蜜携手，共赴婚姻生活，她们是否会感觉幸福？她们希望找这样的男人吗？会更加放松、有安全感，还是不满足呢？

有的人说，我会觉得这样的男性可能比较随意，或者比较麻木。自己希望爱人是专注的，带着好奇心，带着一种鲜活的能量，以纯净的、纯真的状态进入婚姻，这样两个人才可以共同活在当下。有的人说宁愿选择对方之前都经历过，因为这样的男性会有判断能力，会更能顾虑自己的感受，能产生更多共鸣、共情。还有的人说，还是要看个人情况，之前玩也好、找刺激也好，或者去经历也好，假如在过程中没有沉淀、成长，没有从小男孩成长为男人，经历再多也是没用的，婚后还是会没有责任感，不会承担责任。还有人说，要看这个男人是什么样子的。性格不一样，思考的角度也不一样，有的人可能成熟了，得到很多东西，有的人则会麻木不仁，原地未动。要区分他是否轻浮地去选择，是否准备好真正为婚姻承担责任，出发点很重要。

被采访的女性们看似很理性、很宽容，因为这是在讲别人的故事，与自己无关，所以她们显得很淡定超脱。她们的思考只浮于表面，并未探到生命中关系的深层影响。她们同样不了解，生命中所经历过的一切，是怎样相互关联和影响着。过去的真的过去了吗？真的已经了无痕迹了吗？之前经历的，一定会带给未来成长吗？过往的经历对人生会有怎样的影响？这些问题对于男人、女人同样适用。因为很多女性也有过往的情感经历，也面临着如何处理和看待这些关系的问题。

## 一、情感纠葛之害

我的观点非常简单明确：当你准备更好地面对今天这段婚姻时，需要做一件事——告别你曾经的情感关系。前面几位女士已经亮出了自己的观点：曾经经历了什么，并不是衡量好爱人的条件，重要的是当事人是否在经历中有所成长，是否找到过去情感经历的平衡点。简单地说，是否摆平了每段感情，使每段经历成为成熟的沉淀，才更重要。

每个人都渴望受到爱人百分之百的关注。假如两个人面对面，心底不断跳出来的却是前任 ABCD 的身影或记忆时，就没办法真正看到自己现在的爱人，心里会不自觉地把前任 ABCD 与现在的爱人做比较，这对爱人很不公平。爱人会感觉你的心不在这，而是在另外的地方，在曾经的故事里，在另一个人身上，这会令人感到非常悲哀、难过。

不论主客观因素如何，婚前经历的与异性有关的事情，都会影响每个人的心理。每个人都不可能把自己掏空洗白，跟另外一个空白的人走进婚姻，所以在为庄严、神圣的婚姻做准备时，要清理之前的情感关系，放下那些关系的纠缠和影响，然后才能身心合一地跟爱人在一起。

每个人过去生命中所经历的一切，都会在内心留下痕迹。有的痕迹帮助了自己成长，让我们学到了东西，自然会沉淀为智慧和力量，可以在未来避开困扰。还有的痕迹，也许深藏在心底，不愿被碰触。这种痕迹可能是跟某人分手时，觉得对方对自己有亏欠，每当想起对方，就会感到愤怒，悔恨；这种痕迹也可能是无法忘怀对对方的亏欠，会有愧疚、自责。

无论是恨还是歉疚，无论谁欠谁的，在两人关系结束后，还会带着这些情绪想到对方，不断在曾经的故事里旋转、轮回。心里装了这么多东西，再面对爱人时，就没办法做到百分之百地投入，失去这种全然相守，就会影响两人的感情。

婚姻要做的准备，是要让自己尽可能百分百地跟对方在一起。每个人眼中看到的，就是纯粹的对方，而不是另外一个人的影子，或者闪回别人的照片。这才是对爱人的忠诚与公平，才会全然、真正地在当下享受这份爱。

## 【背负情感债务的案例】

### ● 案例一：曾经的情感关系

我曾经做过一个咨询案例，案主是一位 16 岁孩子的妈妈。她不明白为什么与爱人在一起没有爱的感觉，甚至觉得他有点麻烦，爱人并没有办法真正靠近她。她一直觉得，都是先生不对、不好。当她有了一点学习和成长后，意识到问题的根源，于是就来做个案辅导。我引导她在内心看到爱人，她说看不到他。跟爱人一起生活了 18 年，心里却只有一个模糊的影子，完全不清晰。她说觉得很害怕，我带着她继续探索，让内心最清晰的画面以照片的形式浮现出来。她慢慢地放松后，内心浮现出来一张非常清晰的照片，是她上大学时的第一个恋人。

那是一张彩色照片，男生英俊潇洒，风流倜傥，她把全世界最美好的词都用在了他身上。他们两人感情很深，但因其他人的介入，被迫终止了恋情。后来她现在的丈夫在她最空虚难过的时候出现，照顾她的生活起居，后来生米煮成熟饭，不得不结婚，就这样过了十几年。我问她："原来你心里一直都没有放下那张老照片？"她说："是。"她开始掉泪，非常难过，我引导她做了付出与收取的平衡练习，做了一次情感债务的交还。完成之后，她发现那张彩色照片变模糊了，甚至是移到身后，看不清了。接着我引导她，看着自己的丈夫，她突然发现自己可以看到他了，在心里第一次可以看清他。她又开始掉泪，这次是喜极而泣。她发现，当自己的心被一张照片蒙住时，是没办法跟现实中的先生有任何发自内心的互动的。先生爱了她18年，可她却一直没办法真的爱他。咨询之后，两人开始重新谈恋爱，创建幸福的生活，令所有人为之欣喜，感受到这个家庭的希望和未来。

**老师点评解析：**

20年来，我接触了很多这样类似的案例，有男士，也有女士。在很多人心里，记着曾经的初恋情人或有过情感纠葛的人。就因为曾经的付出和收取不平衡，缺少一次告别或一次沟通，这个没画完的圆，还遗留有遗憾、怨恨、不确定感，纠缠着心留在过去的记忆中，没办法活在当下和现实里。虽然与爱人肌肤相亲，生儿育女，做所有夫妻做的事，但心里却没有真正看到对方。这就是很多夫妻现实的状况，是该令人叹息呢，还是感觉悲凉？

很多人没有也不会及时处理自己的情感债务，内心有很多未了结的情结，情感无意识地停滞在过去的恋人身上，从而造成了现实中的感觉麻木和迟钝，与爱人无法充分连接，必须通过情感释放和流动的练习，才能逐渐复苏，真正开始有爱的生活。

## ● 案例二：曾经的流产

有位男士，他的孩子长到七八岁，都没办法正常站立，走路有困难。到医院做检查，没有发现任何器质性病变，骨骼、韧带、肌肉都没问题，可就是没办法走路。于是他找海灵格先生做个案咨询，想寻找孩子身体没毛病却无法走路的心理原因。海灵格先生为他做的个案咨询令人震撼[1]。

海灵格问："在这个孩子之前，你有没有其他的孩子？"男士答："有。"海灵格又问："有没有其他情感关系？"回答还是："有。""有过几段情感关系？"他说不出来，停了一会儿，承认：我曾经有许多段情感关系，流产的孩子大概有八九个。

海灵格说："你需要忏悔。"面对十来个代表流产的孩子的玩偶，那位男士一开始愕然僵硬，慢慢地低头弯腰，匍匐在孩子们身边，之后发出了撕心裂肺的呻吟，这是他第一次面对自己曾经做过的事，第一次承担自己做父亲的责任，也是第一次真实面对自己内心的情绪。

**老师点评解析：**

很多男女发生了性关系导致女方怀孕，但二人并没准备好生育，因此只能把孩子堕胎。人们以为这只是一件小事，只是两个人之间的事，没什么大不了的。所以很多人有非常随便的性关系，分分合合就像换件衣服一样容易，很多人还以条件不具备、没准备好为借口，毫不在乎所做决定的后果和影响。

事情真的就会如此简单地结束吗？堕胎在很多国家是不合法的。孩子是男人和女人有连接之后的结果，因为不喜欢、没准备好就堕胎，毫无忏悔之心，一件件这样的事累积起来，怎么可以当作什么都没发生呢？自己不承担"杀人"的责任，未完成情感的平衡，家庭中其他成员会被扰动，在情感上会无意识做出平衡，会无意识地做出牺牲。有一句话是"出来混早晚要还的"，上面所述个案中男士的孩子，就是以他潜意识里的忠诚，在替爸爸还债。孩子负罪感深重，无法正常走路，无法过

---

①案例节选自海灵格《洞见孩子的灵魂》。

自己的生活，他用这样的牺牲在唤醒父亲。很多孩子也是这样，用牺牲学业、健康等代价，替父母背负某些未厘清的情感关系，唤醒父母对生命的尊重和珍惜，提醒人们要去完成了结。20多年来，我看到了无数的家庭都是这样痛苦地生活着：父母都活在不自知的情感纠缠里，孩子以各种牺牲在"拯救"父母，呼唤父母心灵的回归、生命能量的流动。如此种种都需要父母能够认真对待曾经的情感关系所留下的一切债务，偿还所有债务，才能轻松地活在现实中。很多事不是过去了就结束了。

任何男女，如果曾经有过非常亲密的相处和互动（无论有或没有发生性关系），都会在彼此内心留下痕迹，如果一方或双方感觉付出与收取不平衡，就会留下情感债务，彼此仍有复杂的情感纠葛，不管时间过去多久，都不会自动地平衡和释怀。假如两人在结束关系时做了了结，彼此祝福，互相不再牵挂，没有留恋、期待、痛苦，把账清了，把圆画完了，才是真正地结束了关系，才可以开始面对新的生活。

● **案例三：曾经的童年创伤**

有人说："我没有过其他情感关系，就只有现在这一个爱人。"但你的心真的全然在爱人身上吗？你能保证娶的是一个身心百分之百在你这里的新娘，嫁的是一个同样身心百分之百在你身上的新郎吗？你的心、对方的心真的都在吗？

我接待过一对母女咨询。孩子在读高二，不肯去学校，妈妈很焦虑："最近比较倒霉，先生要跟我离婚，孩子又不念书了，我整个人都很糟糕。""先生说我的心不在他身上，不在这个家里，他跟我过得没劲，不愿意再过了。我的心不在这个家里在哪里呢？我天天那么忙都是为了这个家，心怎么会不在这个家呢？"

她先生用这个奇怪的理由一定要跟她离婚。太太因为孩子的逼迫、婚姻的痛苦，从外地来向我求助。我说："好，我们找找，你把心给放哪儿了。"当我引导她放松下来，跟她自己的潜意识沟通时，我们看到了她4岁时，爸爸妈妈为了生计到外地工作，把她寄养在别人家里。从那之后，生命能量就卡在了4岁的创伤中。4岁的她每天处在恐惧中，渴望见到妈妈，妈妈不来，渴望见到爸爸，爸爸不来，她又害怕、又恐惧、又担心、又失望、又委屈，所有的情绪集中在心里，却不敢跟任何人说，这份痛苦的能量停滞在4岁了。尽管她的生理年龄已经40多岁，可心仍留在4岁时很深的恐惧里而不自知，她的先生却感受到了。这是多深的连接啊。先生的敏感和愤怒，把她逼到了咨询室来，找到了4岁时受伤的小孩，经过疗愈清理之后，身心合一了，心就真的回家了。

**老师点评解析：**

婚姻中，夫妻爱的连接非常深，很多人被创伤卡住，麻木迟钝，感应不到对方的存在。敏感的人可以感应到爱人的心停留在创伤状态，会无意识地制造冲突，以系统的动力推动爱人创伤的苏醒。这个案例提醒每个人，成长中的创伤也是一种情感债务，同样会影响夫妻的情感互动，最理想的情况是在婚前借助专业的咨询辅导，或进行本章分享的技巧练习，完成创伤的疗愈和清理，让自己生理和心理年龄同步增长，百分之百地交换各自的能量。

### ● 案例四：对父母曾经情感关系的牵挂

一位32岁的男性，职场白领，各方面条件都堪称一流，但就是无法进入婚姻。虽然有过多段情感关系，但只要谈及婚姻就会逃离。在咨询中他"看到"自己卷入了父亲曾经的异性关系里，认同了被父亲抛弃的两任女友，所以他无法面对自己的未来。我引导他表达了自己代替父亲所承担的债务，完成了一次责任的交还。当他通过身体完成了流动之后，变得非常喜悦，快步转身面向前方，并且大声说："我好想结婚啊！"他迫不及待地给自己的女朋友打电话，我则非常开心地陪在身边，分享他的喜悦。

**老师点评解析：**

我做过很多例同类型的咨询。无论男性或女性，难以走进婚姻，或者跟现任很难真正地相爱和拥有持久的情感，深层原因往往是感应到父亲或母亲曾经的感情关系未处理平衡，当事人潜意识中感受到这部分能量，替父母偿还债务而无力照顾自己的家庭。这个现象非常普遍，需要得到关注并引起重视。

## 二、了结情感债务

### 放松练习

心里想着当年那个人，那个让你放不下的人。想象着你站在对面，看着对方的眼睛说："过去在一起的日子，你教会了我很多，你让我成长了，让我从中学习了很多，使得我的生命有很多不同。我把你给我的礼物放在我心里一个重要的位置，继续在我未来的生命中帮助我、影响我。我带着感恩和爱放下你，祝福你有好的未来，也请你祝福我！"

然后再继续对他说："在过去的日子里，我也为你做了所有我能做的，这也是我生命中第一次为别人所做，所以我也尽了力，给了你我能给的，如果曾经帮助和影响了你，也请你珍惜。希望这些帮助会在你未来的生活中内化成你的生命营养，让我们彼此祝福吧！"

感受一下，当说完这些时，你会有怎样的感觉，对方会有怎样的变化？也许对方会点头，转身离开，这就是付出收取平衡了。以后再想起这段关系，都会祝福、感恩，再没有痛苦、恨、愤怒、委屈和留恋，这段情感关系就真的放下了。

## 三、处理情债残余

上述练习完成后，如果对方仍留在原处，没有发生变化，或者你仍觉得不公平，感觉受害，或是对对方有歉疚感，这表明你的内心仍有不平衡。如遇到以下四种情况，需要及时清理。

第一，内心保存某些影像。内心有一些非常留恋的跟异性相关的老照片，不一定与之发生过性关系，哪怕只是单相思或者只是有好感，都会在你的内心留下影像。比如情窦初开时喜欢过的一个人，一直没机会表达，几十年了一直放不下，都是未完成的情结在心中残存的影像。

第二，放不下的一段情感。没办法看到现实中的爱人，不接受对方，活在理想情感的期待里。甚至自己都不知道，爱的并不是眼前这个人，而是心中理想的"照片"。只有放下，才能真正接受自己的爱人。

第三，情感关系中有受伤害的感觉。这种感觉非常痛苦，一想起来就觉得愤怒、委屈，这些情绪充满心胸，内心的失落像铁锚一样钩住自己，若不放空，就无空间迎接爱人的进驻。

第四，其他信号。如反复梦见曾经的情感对象；不知不觉唤出曾经的恋人的名字；总是不由自主地牵挂某人，恨某人；保留着容易引起情绪波动的记忆；看不惯现实。

以上种种，若能在婚前梳理释放，是最理想的状态，若错过了婚前的黄金时期，就千万不要再错过那些让你痛的契机，赶紧老老实实地做练习吧！

## 四、情感了结标准

情感债务怎样才算真正了结了呢？

当想起曾经的情感关系时，只有感恩和祝福，感觉心理平衡，互不相欠，从中收获了意义和价值，使这段感情成为生命中宝贵的积淀；回到现实的情感和婚姻中，全然的身心合一，享受与爱人在一起的每个当下，共同创建自己的家庭。

如果想对爱人有高质量、专注、专一的爱，对婚姻和家庭真正负责任，必须处理好对前任及各种情感债务的纠纷，放下留恋、期待、痛苦等诸种牵挂，跟以往的情感关系一一告别。

你有哪些要梳理的吗？自己在心里盘点一下，可以先整理一个名单，用释放的方法，把这些人一个个放下，然后才能真的让自己全然地活在当下。未婚的朋友需要梳理，已婚的朋友也需要梳理，这是生命中一次重要的清理，放下多余的牵挂，放下陈年的包袱，轻装上阵，带着自己的期待和爱走向未来。

下面这个练习，你可以自己做，一条一条、一个人一个人地清理，直到你心里腾出了很大的空间，就可以放进你现实中的恋人或爱人，跟他／她一起创造幸福婚姻。

## 释放的技巧——完成情感债务的清理和自我疗愈

你不需要告诉我那个人是谁，但你要对自己诚实，先问自己，你现在仍然放不下的那个人，带给了你怎样的感觉？是留恋、期待，还是伤痛？伤痛里包括委屈、愤怒、悲伤、失望这些复杂的情绪吗？试着区分一下。假如有好几位，就找一个心里最先跳出来的那个人（也许把这份关系梳理清楚，其他的就简单了）。想象你想到的人，在心里"看到"他，当你看到他的眼睛时，内心的感觉是什么？想象对方在你对面，你把手放在胸前，按着自己的胸口，确保每一句话都是从心里出来的。跟随下面的引导，完成这次释放。

看着对方的眼睛，选择一个合适的称谓，先把你们两人的身份界定清楚。然后注视着他的眼睛，说："你是我的前任（使用你觉得合适的称谓），我是你的×××，过去我们两个相伴的日子，你给了我所有你能给的部分。在那个过程中，我有很多体验和学习，我也尽力给了你我能给的一切，在这个过程中我学习到很多跟异性相处的方法，你给我的和我学习到的已经融入我的生命里。这些对我很重要！是你帮助我慢慢地长大，所以我想谢谢你！"

当你这样说时，内心感觉有变化吗？对方的表情动作有变化吗？这是真实的沟通，你说真话时，对方也会发生变化。继续看着对方的眼睛："我把你放在我生命中一个很重要的位置，带着感恩和爱，把我在这个过程中的所有收获放在我心里，我会带着这一切去面对我未来的恋人（或爱人）。我用这样的方式想念你，祝福你，也请你祝福我和我未来的生活。"

当你说完这些，对面的人表情状态有什么不同吗？你自己的感觉有什么不同吗？对面那个人往往会选择自己离开，因为进行了一次付出收取平衡的整理，在你心里就可以放下这些离开了。

假如对面的那个人还在，看一看你的心和他的心之间，还有什么东西连着呢？有人说是一根红线，有人说是一根胶皮绳，或者是一根锁链。对他说："谢谢你，我看到你我之间，还有一些要了却的事情，也许我需要找一位专业人士，来帮我完成这个过程。无论怎样，我都会带着感恩和祝福，无论怎样，我都希望你会有更好的未来。"

看看两人之间连着的东西，是不是发生了变化？颜色、形状、粗细发生了怎样的变化？你也许需要一个专业的辅导和陪伴，来完成后面的整理过程，直到你觉得连着的东西完全消失为止。

假如你觉得足够，就可以睁开眼睛，体会一下，完成释放之后，你自己的感觉怎么样？

请你再一次闭上眼睛，看到你之前牵挂的人，看看你可以看得到吗？完成了跟前任的告别之后，再看自己的爱人，感觉怎么样？拿走那张老照片，拿走那张"理想"的照片，看到活生生的、在你面前的那个人，感觉有不同吗？你可以全然地跟他在一起了，可以真正体验足够爱的感觉了。

你可以用这样的方式，把你需要释放掉的那些情感关系一个个完成。跟随我的带领，处理与当下能想到的、感觉最强烈的那个人的关系，直到你觉得，把对方的人生还给他自己，祝福他，你就会在内心腾出足够的空间，放你现在的爱人了。

## 五、冥想——感恩练习

我们来段冥想。用你已经习惯的方式让自己深呼吸，用你已经习惯的方式，把注意力收回来，放在你的内在。前面学到的这段内容，你心里已经有很多激活的能量，甚至有一些你以为已忘记的人又被你看到，也许有一些人帮过你，也许有一些人给你制造过难题，也许有一些你留恋的人，也许有一些让你感觉痛苦的人，现在都邀请他们来到你的面前，当你看到他们时，要注视着他们每个人的眼睛，也许你需要关注每个人的眼睛几秒钟，确保你看到他，他也看到你。可以慢慢地完成这个过程。

你也许同时发现有些人你想离他远一点，有些人你想靠近他一点，有些人你看得清晰一点，有些人会模糊一些，不管怎样，你都可以对他们所有人说："你们出现在我过去的生命里，你们用各自不同的方式，让我有了丰富的体验，让我有了不同的收获，你们甚至激发了我的潜能，丰富了我的生活，这些都是我成长必需的。虽然有些人我现在仍然没办法接受，没办法放下，但我同样知道，你们也是来给我送礼物的，只是我现在还没有能力打开这个礼物，看到里面的宝贝。不管怎样，因为有了你们，才有了今天成长了的我，所以我想对你们说'感恩，谢谢你们'。"

看看这时你可不可以低下头，向对面所有这些人表达你的感恩之情。当你真的愿意低头，接受对面所有这些存在的人，在你直起身来的时候，一定能够体会到接受对方之后的轻松和释怀。你把对对面的那些人的情感羁绊还给他们自己的生命，还给他们的未来，你只需要把你的能量收回来，照顾你自己，将他们给予你的礼物，放在你内心深处，你只要呼吸，就可以将这份释怀吸到全身所有的部位，吸到你每一个细胞里，你的成长就在这样的过程中完成了一部分。

试着让自己完成这份告别，也试着让光带走对面所有的人，让他们回到他们自己的生命状态中，他们给予你的意义将永远留存，只是他们的人生需要交还给他们自己。慢慢地完成这个过程。哪怕还有一两个没有办法释放的重要的人，但当时机成熟时，你知道自己一定会完成这个部分。因为你发现完成这个释放是为了接受你自己，是为了释放自己，是为了好好地爱你自己。在心里完成这个过程，直到觉得足够才让自己慢慢睁开眼睛。

欢迎回来！

### 互动分享：为曾经的情感关系写一封信

1. 写一封信，写给你清理的那些跟你有关的重要的人。

例如这样写给 A：我们也曾甜蜜恩爱，如胶似漆，但我们没有缘分在一起，我们彼此分开了，我带着爱祝福你，也请你祝福我。就这样给每一个让你牵挂的人写一封信。写信是个告别的仪式，因为落笔时，头脑中想的、心中感受的全部都是真实的。当确定把想说的都说完了，将未完成的期待画上句号了，把信烧掉，做个告别，并不需要告诉别人。

也有人问我："有了婚外情，要不要告诉我爱人？"告不告诉对方并不重要，自己是否处理清楚才更重要。你自己如果放不下，告诉爱人只会徒增烦恼，你如果梳理清楚了，做了了结，完全可以坦然面对爱人，百分之百地对待他。是否告诉对方并不重要，自己诚实面对自己才最重要。

2. 如果没有情感关系要清理，那么就给那个曾经受伤的自己写封信吧。写给 3 岁的自己，4 岁的自己，给你印象最深刻的自己写封信，告诉你有多爱他（她）！这封信你可以不烧掉，可以把它放在自己包里或是枕头边，提醒自己，需要不断地给那个曾经受伤的自己一个拥抱或是鼓励，生理年龄和心理年龄同步增长，才能够真的有能力照顾自己。

# 第五章　男士准备好了吗

## 男士之问

我准备好了，可以结婚了吗？

到底是找我爱的人，还是爱我的人？

假如太太和妈妈同时掉到河里，你先救谁？

跟前任完成告别以后，很多男士问："我准备好了，可以结婚了吗？"别急，先回答我这个经典的问题："假如太太和妈妈同时掉到河里，你先救谁？"你的答案是什么？别急着打岔，说她们两人不可能同时掉进水，或者说她们都会游泳。请你听一下自己内心真实的声音是什么。

假如你心口不一，随便说个答案应付太太或妈妈，那是对自己、对对方不负责任。我知道你会非常为难，因为这太虐心了。你甚至打算谁都不救，先自杀算了。因为你害怕说了先救妈妈，太太或女朋友会愤而离去，或大闹一场。你不想担这个天大的风险，最后搞得不可收拾。

这个问题确实太虐心烧脑，同时也是你心理是否成熟、是否从小男孩成长为男子汉的参考标准，非常值得我们"借题发挥"，好好讨论一番。

在男人心目中，妈妈永远是最重要的，因为妈妈只有一个，老婆可以再找。并且，很多男人对"孝"的理解是"百善孝为先"，妈妈永远是第一位的。你心里的答案，当然是先救妈妈。

跟男士们说句悄悄话：我们这章的讨论，先尽量不要让太太或女朋友知道，你悄悄地提前完成这些功课，会让你更有力量、更有爱地面对她。

## 一、打破陈旧观念

### 第一，"妈宝男"眼里妈妈永远比老婆重要，没有资格结婚。

这种说法很"毁三观"是吗？先别急，让我们将故事慢慢展开。有些男士说："我要先立业再成家，即使成了家，我还必须做很重要的工作，因为养家糊口是我的责任。"是的，从小到大，你经历了很多事情，有很多重要的人要去照顾。先不急，请男士们静下来，看一下，你内心的画面里，重要的人在你身边，在你周围，他们都是谁？先看清在你周围都有谁？然后再看清离你最近的是谁？是你生命中的某个人，还是你工作的象征、事业的代表？谁离你更近呢？

有位男士小时候被外婆带大，跟外婆的感情非常好，想到外婆就觉得充满力量。外婆对于他的意义跟妈妈一样，甚至比妈妈还重要。他在上题中进行选择时，先救的是外婆而不是妈妈。他是个蛮幸运的人，在成长中有一位给予温暖、养育自己的女性陪伴，所以生活中不缺少爱，不缺少温柔。但是，他对妈妈有很多不接受，因为妈妈当年没有抚养自己，心里会对妈妈有排斥甚至是疏远、抗拒，跟外婆越亲近，就会对自己妈妈越疏远。他甚至希望未来的太太像外婆，不要像妈妈。对妈妈的抗拒，会推走生命中很多美好的东西，那些与"爱"和"亲近"有关的东西。

有时候就是这么奇妙，越害怕的东西越来。他越是这样想，爱人就会越像妈妈，那样他痛苦的机率就大大增加了。他需要处理跟妈妈的关系，越觉得跟妈妈有距离，内心深处其实是越渴望跟妈妈在一起，渴望跟妈妈连接。这个渴望不能得到满足，与妈妈就难以真正分离，心里就没有位置留给太太。这也许就是他至今没结婚的深层原因。

在他心里没有空间留给太太，表面上在困惑，到底找我爱的还是爱我的女人，可在心里有一个我爱的又爱我的人——妈妈。由于这位男士还没有跟妈妈充分连接上，没能感受到妈妈的爱，太多纠结卡在心里，因此这个未完成的情结把心里的期待、留恋、痛苦等，跟妈妈捆在一起，在其他人身上投射、抓取，心里没办法装进自己的恋人。没有释放，就没办法真正独立，没有从妈妈的儿子成长为男人，更没办法开始属于自己的婚姻。

每个人都完全有资格吸引一个我爱的又爱我的人！为什么要二选一，而不是二者兼得呢？从问题里就可以看到，他的生命模式和能量卡在认为自己没有资格爱和被爱，跟妈妈连接不够、无法分离。他未被妈妈宠爱，也没有被控制，是被妈妈忽略的。孩子越在小时候被忽略，越渴望与妈妈连接，这是一种被忽略类型的"妈宝男"。

在相亲类节目《非诚勿扰》中，一次一个胖胖的男孩子相亲，主持人问他："你想要找什么样的人？"男孩子说："我妈说了，漂亮能干的女人才配得上我。"主持人又问："这件事你是怎么看的呢？"男孩又说："我妈说了，要听她的话。"这样的男人怎么能嫁啊！他还没长大，所有的选择和决定都被妈妈控制着。男孩说他曾谈过一个女朋友但以分手告终，因为他妈妈不喜欢这种类型的。这次看似是男孩子自己来相亲，但他心里时时刻刻装着的都是他妈妈，他妈妈的标准就是他的标准，他必须找一个他妈妈同意的人，过他妈妈同意的日子。假如你是他女朋友，你会有什么感觉？假如你是他太太，你会有怎样的感受？这个被妈妈控制、宠爱的孩子，习惯了妈妈各种温柔的爱和控制，还没有成人，没有能力照顾自己的家和爱人，是没有资格谈恋爱和结婚的。这是受控制的**"妈宝男"**。

**第二，"英雄男"难以经营幸福婚姻。**

有人说，妈妈和老婆同时掉进水里，我两个都救。我说："只能救一个。"他答："那干脆我死了算了，我宁愿毁掉自己，也没办法在妈妈和太太之间做选择。"这样的男人会活得很辛苦。遇事自己扛着，不会分享，更不会求助。他的信念是"没关系，我一个人扛着，累死我拉倒。"这样的男士会找看似弱小、辛苦、悲观的女孩，这样他能充分展现大丈夫的英雄气概，更易体现自己的价值。结婚时，他会拍着胸脯向岳父保证："放心，我会百分之百地把她照顾好，我要让她幸福。"那情那景，很让人动容，女生以为遇到了一个最像英雄的男人。

但实际的情况是，他并不知道自己所做的承诺到底意味着什么。切不可把一个大男孩想做英雄的梦想当真啊。小心，他没准备跟你分享生命的酸甜苦辣，只要你做一个被宠爱的小女孩享受幸福，他把酸甜苦辣都扛在一个人身上。你相信他能一直这样做吗？你认为他可以背负着另一个人，甜甜蜜蜜到老吗？

假如做承诺的人尚不知道承诺的真正意义，你能相信他所做的承诺和"牺牲"会是负责任的吗？不要以为可以给另外一个人幸福，不要以为挣了足够多的钱，有足够高的地位和身份，就可以让另一个人幸福。婚姻是两个人共同分享、体验、创造的过程，悲剧的英雄主义并不会收获喜剧结局。

有一位女士，童年非常辛苦，与父母的关系很疏远，她内心一直怨恨父母，同时又很努力地打拼，终于有了自己的事业，成了父母的骄傲。她在父母的包办下有了一次短暂而失败的婚姻，然后她遇上了自己的真命天子，一个心疼她、呵护她，让她觉得最被爱的勇士。他们排除万难走到了一起。这个勇士在结婚典礼上承诺："我一定要给你全天下女人最幸福的生活，给你父母都没给过你的爱。"虽然这是一场娘家人没有到场的婚礼，但所有在场的人依然被感动落泪。但这份真情却无法代替婚后每天的互动和琐碎的生活，一年之后，勇士背负骂名，从这个婚姻中逃离，带着累累的伤痛。他不明白自己做错了什么，竟然无法给这个可怜的女子最好的爱，不明白为什么自己救不了她？！

**第三，放不下"沉默男"的角色，就难以分享婚姻的幸福。**

中国不少男性有一个共同的特点，是遇事忍着、让着，打死也不说！他们的信念是女人都喜欢哭哭闹闹，忍着点、让着点，事就过去了，只要有行动就够了。所以在夫妻矛盾中很多男人保持沉默，"我坚决不说，我用行动来展示真心"。这样的男人，在出现矛盾的时候，拼命去干活、拼命去做事，忽略了另一半渴望沟通的需要，忽略了对另一半的了解：女人有时候不需要你做什么，她需要被听到，需要跟你分享自己的感觉、内在的世界，她想明白你在哪里，你要什么。她想跟你体验同甘共苦的感觉。当你把自己的感觉全部关闭起来，让她坐在旁边无助、无从下手，不知如何跟你互动时，她会觉得自己是局外人，被忽略了。她将会非常挫败。

女人在挫败时才会又哭又闹又上吊。如果你愿意跟她聊聊，讲讲心里话，触动她的内心，她会给你整个温柔细腻的世界！沉默是中国男性忍辱负重的标签，把自己的爱人隔离在自己的世界之外，造成不必要的共同伤感。有些男性，在恋爱时温柔、甜蜜、细腻、体贴，一旦把女孩子追到手，就好像耗掉了所有的能量，再也没有甜言蜜语，认为完成任务了，不需要再哄了，只要过日子就行了。这些男性视沟通和表达为多余，这样的男性只会"哄"女生，不会真正与女人平等地沟通和交流，两个人的精神亲密感没办法建立，不能敞开彼此的心，这是对女人最大的折磨。太多家庭中的男性是沉默的，男孩子在无意中模仿自己父亲的形象，学习父亲这个"榜样"，沉默、不表达，不懂女人精神交流的需要，女人就会不满足，她会用各种方式挑战，渴望互动交流。

**沉默不是你给女人最好的礼物，拼命干活也不是**。所谓"忍"是心字头上一把刀，在心里戳着刀，忍不久的。沉默的男人"不在沉默中爆发，就在沉默中灭亡"，这种爆发有毁灭性的杀伤力，很可怕。

有个案例，夫妻二人都是大学心理学专业的教授，一向是大家羡慕的幸福夫妻。孩子 18 岁考上大学之后，男士坚决要求离婚，说忍够了，忍她 20 年，不想继续忍了。太太很惊讶："你竟然忍了我，我怎么不知道？"他说："你难道忘了吗？当初谈恋爱时，有一天我肚子疼，不想跟你逛马路，你偏要拉着我去，那时我就想，一点都不心疼人，我忍着痛陪了你两个小时。"太太吓了一跳："天哪！ 20 多年前的事，你当初为什么不说你肚子很痛，却要忍着陪我？种了一颗这么深的种子，到现在才发芽，太可怕了。我很悲哀，跟你生活 20 年，完全不懂你内心的世界，比陌生人还可怕。"两人相隔的，不是彼此的肉体，而是一堵心灵的墙。难以捉摸、不能理解，两人咫尺天涯。

千万不要让沉默"杀害"你们的感情。

第四，你是**"物欲男"**，只做赚钱的机器吗？

在对生命中重要的人的冥想中，环绕在你周围重要的人、事、物，是你自己的工作和事业吗？你的工作、事业比家更重要，是吗？很多人的内在的信念是，一定要先立业再成家。有足够好的物质条件，有房有车，能够给爱人一个完美的物质环境，能够给孩子一个富足的经济基础，拼命把事业做到最好，然后才能结婚。当把自己这样定位时，自己就成为为了物质享受而拼命工作的人，没有时间在家庭里陪伴爱人、孩子，不能与亲人分享彼此每一天的喜怒哀乐。

很多人会觉得自己委屈，"我要养家糊口，白天工作这么累了晚上要回家休息，为什么还要缠着我说话，我没心情。为什么还用这些家庭琐事、破事麻烦我？"无心、无力与太太分享彼此的体验和故事，这样的情景在很多家中频繁上演。男士把自己以为的强加给对方，以为挣到足够的钱，对方就会幸福。扎实的经济基础，就是自己对家庭做出的最大贡献。女人则说："我不要那么多钱，只要你在家，可以相伴每一天。"冲突的实质是彼此价值观的差异，每个人看重的东西不同。男性只活在自己的世界里，没有理解和体会家和婚姻的真正意义，没有精神和思想的分享，把自己当成赚钱的机器，这是对自己的贬损，也是精神上缺失的表现。

这四种类型的男人，在没有准备转变之前，都没有资格进入婚姻。因为每种类型都只活在自己的世界里，不了解对方的需要，不愿意为创造"我们"而主动改变。

当你重视事业超过家庭，在家里的时间一定会变少，会忽略家人，自己在家庭中的角色缺失。情感需要经营，没有时间的积淀，怎可能谈到亲密相处？当你认定自己的沉默，你就没准备好跟另一个人分享你们的世界，又怎样去创造"我们"，培养两人的亲密感呢？假如你只想做英雄，忽视了婚姻的平等、尊重、相互接受。逞强做英雄，有一天累得连自己都不愿前行时，是无法背负另一个人前行的。

无论社会给男性怎样的指标和要求，面对婚姻时，男人需要审视自己有哪些局限性信念，把自己限制在怎样的角色认定中？正视它可能的伤害和影响，突破和扩展自己的局限，是为婚姻做的重要准备。因为婚姻是一个人跟另一个人的互动，不是自己一人可以决定的，婚姻经营得如何，要由对方来决定，她觉得满意，说明你这个丈夫做得成功，她若不满意，你再有成就感也无效，对方的反馈才是真正有效的答案。

男士们请对号入座，看看自己是哪种类型？如果这四种类型都没有你，那么恭喜你！因为你已经准备好兼顾爱人的精神需要，愿意投入时间给她，准备转化沉默的性格，愿意托举爱人的成长，共建你们的家，你已经从妈妈控制下的小男孩长大成人了。如果你确实已做好这些准备，那比你有多少存款、有多高的身份和地位要更有意义！

前两年有个名词很火，叫"巨婴"，有人说这个社会就是个"巨婴国"，养着一群没长大的小孩子。"巨婴"这两个字很有意思，一个是无比大，一个是非常小，连在一起出现，很有戏剧效果。实际上，"巨婴"往往包含这四种类型人的特点，他可能是妈宝男，也可能是英雄男（因为小孩才想做英雄，成熟的人不敢随便说自己是英雄），还可能是沉默男，或者是物欲男（因为小孩才会任性地说，我想怎样就怎样，我是对的，我可以满足你）。

为什么说这几种类型的人没资格结婚呢？因为他们的心理还没有真正成熟，没准备长大，没准备变化。按这个标准衡量，很多男人，无论是否结婚，都是精神上的"巨婴"！这是非常严峻的现实！因此婚姻上岗培训应运而生，男性、女性都要经历这个非常重要的成长过程，借此机会评估自己的精神状态，在心理上主动完成转变和成长。

现在，回看"妈妈和爱人同时掉到水里，先救谁"这个问题，大多数年轻男性心里的第一答案是："先救我妈。"因为男人们的逻辑是："我是孩子，不能离开妈妈，所以我要让妈妈活着。"这个答案投射出男人心理上没有长大，没有真正在精神上断奶，就会以成人的体魄装着心里的"巨婴"，与爱人和外在的世界互动。这样的互动是否符合家族系统动力，是否会创造幸福喜悦呢？

## 二、家族系统动力

还是这个关于"落水先救谁"的问题，我对很多老年人做过调查，猜猜他们怎么回答？答案异口同声、惊人地相似："先救爱人。"为什么希望先救媳妇呢？老人家会说："我的儿子需要妈妈。"老人家愿意放下自己，因为他看到的是整个家族的发展方向，老人永远希望后代活得比自己好，只要后代比他活得好，他怎么样都可以，这是长辈对下一代最殷切的期望，最大的心愿！这个心愿是成熟的，是站在家族系统生命延续的长河中做出的决定和选择！

我也曾扪心自问：假如有一天，我跟孩子同时遇到麻烦，我希望把生命机会留给谁？答案也是，一定要让孩子活下去，只要他过得好，我怎样都可以。

如此比较，男士"救妈"的答案，是从"我是孩子"的角度做出的需求选择，而不是站在成人顾全大局的角度，这是心理有无成熟的区别，你赞同吗？

一个家族可以延续下去，一定有一个前提，就是下一代比上一代活得好，下一代比上一代更有资格活。只有这样，生命才可以延续下去，香火才可以不断。家族中，每一代成人都希望下一代比自己过得好。但小男孩是看不到全景的，他只能看到自己对妈妈的需要，所以他永远说要先救妈妈。

上一代一定会为家族做出牺牲，**但只要是对于后代延续有利的，那就是该做的、有益于家族的事。**为什么说"巨婴"没有资格结婚？因为他没有真正担当家族系统的重任，没有看到家族的动力、生命传承的动力，他还停留在小男孩"需要妈妈的爱才能活下去"的状态里。

一个男人要准备结婚，一定要做一件事，就是准备好长大，准备承担与另一个人组建家庭，为家族负责任的重任，这其中包括与自己的原生家庭分离，与自己的妈妈分离，独自担当自己核心家庭的建设。

### 三、未成长的案例

有太多人没有完成成长的案例，导致了婚姻的悲剧。有位太太来做咨询："太恐怖了，我跟先生结婚后住在他妈妈买的房子里，他妈妈给我们置办了所有的家具，买了所有的床上用品。我们白天上班，他妈妈会到家里搞卫生，家中柜子里所有东西都翻整了，我觉得很没有安全感。于是就跟先生说不需要妈妈再来，我们可以自己找个阿姨搞卫生，或者在双休日自己搞卫生，我不希望其他人每天翻动我的东西。"她先生说："你这个人真自私，小心眼，我妈那么大年纪，累死累活帮我们做家务，还不落好，你这个人都没有一点人情味。"

她说这是他们第一次发生矛盾，当时她忍了，只是把自己的东西收起来。可是老人家的势能越来越大，什么事都要做决定。女士实在无法忍受时，就跟先生讲，先生则说："这种事别烦我，我搞不定，你们两个女人自己搞吧。"她发现一个现象：当她跟爱人单独在一起或外出旅游时，他很会照顾人，很酷，可是只要他妈妈一出现，就乱套了，这个男人就不像男人了，好像是迷失了自己的小孩，不知道该怎么办，完全没长大。他们娘俩会跑到一个房间里长时间地聊天，老人也不知道自己是谁，自己的位置在哪里。这个过程非常痛苦、难过，结婚不到3个月，非常般配的两个人选择以分手结束婚姻。

这位太太在离婚前来做辅导。我帮她梳理了很多东西，她说先生完全没准备好跟她一起生活，无法面对与妈妈的分离，因此她只能选择离开，先照顾好自己。悲剧的是这位先生，很爱太太，又没办法面对妈妈，离婚后得了抑郁症住进医院。

## 四、男士心理准备

看完以上案例的分享，男士们有什么触动？在结婚前，你要进行如下的心理准备。

第一，你准备跟一个女人结婚，要看到生命系统的传承，知道真正对父母的孝敬（是"孝敬"而不是简单的"孝顺"）是要照顾好自己的小家庭，照顾好爱人和孩子，这才是对家族最大的贡献。上个案例中的男士，宁愿积郁成病也不愿面对和处理与母亲的分离，这会让爸妈更痛苦，未来更难预测。男士要准备好长大成为男人，就要真的领会生命系统和社会对男人的要求，尽到自己照顾家庭的责任，跟爱人和谐、相爱。这样的家庭氛围和家庭关系，会使孩子有足够的安全感，对世界有信任感，这样的孩子未来会充满爱的力量。男人能够把小家庭照顾、经营好，生命得到更好地延续，是对家族做的最大贡献。

第二，要学习有效的沟通技巧。不要以"我爸就这样，天下男人都这样"为借口。别人怎么样不重要，你要跟爱人相处，要知道爱人需要什么，要知道怎么给她最需要的，这才是男人的力量所在。婚姻需要两个人共同成长，不能剥夺彼此成长的机会。

我见过这样的"好男人"，他帮爱人洗衣服、洗袜子，告诉爱人不用起床，早晨把早餐送到床头，他把爱人照顾得像一个婴儿一样。这个女孩很得意，到处炫耀老公的爱。好景不长，老公调换了工作，工作压力特别大，感觉饭碗不保，对爱人就提出了要求："回家后你要对我好一点，要给我做好饭。"爱人说："你怎么说话不算数，怎么变了，不管我了，当时的承诺到哪去了，你变心了。"她开始控诉甚至控制对方，最后吵架、打架，双方老人介入，最后分手。这样的结局也非常令人心痛。所有人都不会相信这个男人会打她，连男人自己也说："我自己也不相信我会打她，我对她视若珍宝，我以为真的可以给她公主一样的生活。"婚姻失败后才发现，他没办法背负着另一个人，代替她创造所要的幸福的。婚姻中一定要两个人一起前行，剥夺对方成长的机会，是对对方的限制和伤害，不是爱。

## 婚姻中身份定位的忠告

**第一，养家糊口不是你唯一的责任**，只是你的所有责任之一，不是唯一。精神的传承和连接，是你同样重要的责任。

**第二，新的系统永远有优先权。**结婚后，你与太太的关系优先于跟妈妈的关系。要在心里留出跟太太单独相处的时间，当然也要留出跟妈妈单独相处的时间。不能因为妈妈而否定太太的所有需要。一旦序位搞错，就没办法经营家庭。不会处理与妈妈、太太关系的男人，会像电视剧《双面胶》里的男主角一样，要么上欺下瞒，要么到处讨好，要么愤怒压抑，只能越来越糟，乱成一团。男士要站稳自己的位置：与爱人一起，面向未来，身后才是父母。男士站在自己合适的位置上，才能位当，才能做合适的事：与太太一起尊敬妈妈，请求妈妈祝福自己和太太的婚姻生活。

许多老人在内心渴望儿女过得好，可行为表现上会模糊不清，守不住界线。因此需要男士坚守自己的位置，温柔而坚定地带着尊敬推开妈妈，妈妈自然会退到孩子们身后，自然会祝福。所以男人一定要带着爱从妈妈身边离开，站在爱人旁边，与爱人一起请求妈妈的允许和祝福，这是非常重要的。

新的家族系统在系统中永远有优先权，照顾好你的家庭，让生命好好传承下去，这是男人真正的责任和对父母、家族最大的孝敬。不要把工作和事业作为借口，缺席你在家里位置上的付出。没有投入足够的时间，就会为未来种下痛苦的种子。沉默只会压抑自己，让对方痛苦，所以要学习跟爱人分享真实的感受，"死扛"不是真正有力量的表现，所以不能忍、不能让、不能扛，要学习沟通、学习表达。本书第八章分享了有效的沟通和表达技巧。

### 互动练习：彼此的期待

完成下面这个表格，这是我的老师李中莹先生分享的内容，可以很好地呈现彼此的期待。

**需求练习表**

| 在某方面 | 我需要什么 | 我希望她怎么做 |
|---|---|---|
| 在某方面 | 她需要什么 | 她希望我怎么做 |

1.先看到彼此期待的"我"的部分：期待包含两部分，一个是我，一个是对方。比如：关于吃饭这方面，在最左栏里填"吃饭"，自己需要什么？如果需要吃面，我希望她怎么做？我希望太太天天跟我一起吃面，这是我的希望。这是只从我自己的角度去想。第二行，同样是关于吃饭，她需要什么？她是南方人，喜欢吃米饭。她希望我怎么做？她希望我天天陪她吃米饭。这样两人就无法和谐共处了。

只有"我"没有"我们"，或只有"我们"没有"我"，都不是三赢的状态（我好，你好，世界好），这样生活的两个人是没办法走得长久的。

2.沟通"我们"。两人填完表格后，坐下来讨论一下：我们怎样可以兼顾"我"又可以创造"我们"？你们可以石头剪子布，决定今天这顿饭是吃面还是吃米饭。也可以约定，一三五吃面，二四六吃米饭，只要两人愿意去面对和讨论，都可以找到共同的、彼此接受的解决方案来化解矛盾。

重要的是，你一定要很清晰地记下来，在某方面自己需要什么？对对方的期待是什么？要允许自己去表达，去发现。很多男性认为，我是男人，怎么都行，无所谓。是真的无所谓吗？对方一次次触碰你的底线，忍了十次让了十次，到第十一次，可能会忍不住、让不了了，就会爆发了。与其如此，不如一开始大家就做好约定。

男人同样有资格提出自己的需求，女人也有资格提出自己的需求。两个人都将需求摆出来再一起讨论：我们可以怎么样？彼此让一步，达成一个彼此都满足、都舒服的约定，就可以创造更多的"我们"。如此，二人因为不同而相互吸引，也因为不同，可以创造更多新的可能性，而不是因为不同就要分开。

3.结婚之前，把你自己内心的需要和期待写出来，跟你的恋人或爱人讨论一下。这将是非常美好的开始！

4.婚后定期完成这个表格的填写和讨论，比如3个月一次，增进双方的了解和互动，创造更多的和谐。这么简单易操作的方式就能收获爱人的心，好还是不好？这么容易让俩人心心相印的方法，好还是不好？

当你准备改变、准备放下自己旧有的模式时，你会在后续"婚姻上岗证"的练习中，获得更强大的力量，有更充足的资格感，成为女人所爱的"熟男""暖男"。以这样的角色进入你的幸福婚姻，这世界会增添很多体贴温暖、有力量、有智慧的好丈夫，也会有更多的家庭拥有幸福美满。

祝福你们！

## 五、冥想——男士成长

用你已经习惯的方式放松：双腿分开，双手分开，放松地把注意力集中到你的内心，看看内心的你是怎样一个形象？看看内在的你心理年龄是几岁？有的时候这只是一个感觉，只是一张照片或者是画面，你却说不出来涌现出这种感觉的原因。一个几岁年龄的男孩在你心里浮现出来？看清他穿什么颜色的衣服，脸上有怎样的表情？也许那就是你现在的心理年龄，不管是几岁，先看到他，看看他有怎样的状态？假如他跟爸爸妈妈在一起，他们之间是什么关系？他和爸爸妈妈并排而站还是相对而站，看一看，当他面对爸妈的时候，内心的感觉是怎么样的？看一看在爸爸妈妈的关系中，他更倾向于靠近谁呢？看一看在他心目中的好男人、好丈夫形象是爸爸吗？看到爸爸是怎样的感觉？是害怕他，还是跟他很亲近，是敬仰爸爸，还是跟爸爸在一起很自在、很亲密？

你同时会听到内心的一些自白，也许是"将来我要像爸爸这样做个好丈夫"，或者是"我长大了绝对不做这样的男人"，哪一个是他内心发出的声音？允许自己看到这些，听到这些，也允许自己看到真实的自己。

这个看见就是一个成长的开始，这个看见就是一个转变的开始，因为他能感受到有一位异性在吸引他，他渴望去靠近她，也渴望跟她一起创造更多美好的未来。他知道当他准备好的时候，他会完成跟爸爸妈妈的告别，他会拿到在爸爸妈妈的互动中所有有益的部分，他也会放下爸爸妈妈的互动中不适合他的部分。是的，他已经准备好跟爸爸妈妈告别了，直到他觉得真的有力量，可以转身面向他的未来，面向他心爱的女孩。

你在心里完成这个画面，也在心里储留这个画面，把它放在内心深处，这是很有意义的一个重要的练习，这是一个男人成长、成熟的重要开端，直到觉得力量足够到让自己结束这个练习时，慢慢地睁开眼睛。

## 互动分享

填写上文中的需求练习表，整理自己的渴望与期待。

# 第六章　女士准备好了吗

## 女士之问

如此期待婚姻的我是谁？现在的状态怎样？

什么叫准备好的结婚状态？

女人怎么样才算爱自己？

现在和所有的女士们一起分享专属于女性的悄悄话：关于结婚，你真的准备好了吗？

你这样考过你的恋人或爱人吗？"我跟你妈同时掉进河里，你先救谁？"我猜有人摇头，有人点头，有人说我想问但没敢问，怕对方反应太激烈。不管你考没考过，其实你只是想证实一下，自己在爱人心中到底有多重要，你当然最渴望听到的答案是："先救你。"假如你的力量够大，爱人一定会非常认真地告诉你："当然先救你了。"那你一定会很得意的。

假如真实情况是，他内心的真实想法是先救他妈，他是善意地哄你开心，让他做这个选择实在是很虐心。现在你会作何感想？他知道你想听什么，只能如此应付你，你愿意被他哄得开心，觉得自己在他心目中比他妈妈更重要。假如你真是这样以为，那么我想提醒你，你还没有资格进入婚姻，因为你并不懂男孩子的心，也不懂男性内心的世界。

如果你贸然进入婚姻，会看到更多真实的情况，对你来说可能都是痛苦和打击。有很多女孩说："我先生结婚前对我百依百顺，是他追我，追得不遗余力。"媒体报道了很多追女孩的场景：一万朵玫瑰花，一万盏灯，甚至开着飞机撒传单等，很多男士以惊人之举去追女孩，他们在婚礼上也向女孩父母信誓旦旦地承诺好好照顾女孩一辈子，人们会被这样的仪式感动到落泪，以为从此万事大吉。

可结婚生活后男人常常会发生很多变化，让女孩子始料不及，女孩就会觉得被骗，从此认为男人没有一个好东西，男人说话不算数，男人的承诺不可信。事实也许不是如此，只因女人并不真正懂得男性的世界、男性的心理，巨大的心理落差要由自己埋单。因为大部分女人在进入婚姻之前，并没有好好静下心来问问自己：我期待的是怎样的婚姻？我是谁？现在的状态怎样？

## 一、女性常见心理

第一种类型，**你面对婚姻时，像不像一个纯洁无瑕的公主？**很多女孩子形象很好，有良好的家庭背景，从小在父母浓密的爱意中成长，结婚前父母帮她安排好了一切，她似乎从来不需要努力，就可以得到一切，她觉得整个世界都围着她转，她可以主宰一切。她的关系理念非常简单，习惯了别人为她服务的世界，男朋友追到她，她仍处于被照顾的角色中，她可以骄傲地说："我本来就是公主"。

假如你也有这种感觉，认为世界是非常美好的，是无比幸福的、无比完美的、一切都围着你转动的，那你只是个简单、可爱的小女孩，还没有长大，当然没有能力也没资格去面对婚姻这个非常庄严、非常神圣、非常复杂的大事。假如你不信邪，一定要结婚，当然不是不可以，但你要有足够的心理准备，你会发现结婚后的生活会有极大的变数，有太多你没准备好的事情会出现在你身边，有太多你不熟悉的关系，不知道如何处理的难题考验你、挑战你，逼迫你去学习、去经历、去面对，你必须提升自己的能力。你确定自己准备好了吗？

有人说，我虽然不漂亮，可男朋友追我的时候很卖力气，我觉得自己就是骄傲的公主。因为是他追的你，你就有决定权和选择权，他就应该照顾你，应该全力为你服务。假如你有这样的信念和想法，那你一定要做好心理准备：婚后他会变化，你也会变化，你骄傲的位置可能就要受到挑战了。

有位朋友，从小被爸爸妈妈呵护之至，她现在在媒体工作，形象很好，收入够高，她的世界就是用美丽的鲜花组成的一个大花园。结婚之后，先生不断制造出让她无法忍受的问题，包括袜子乱丢，牙刷头一定要朝下，不爱做家务，等等。婆婆跟她爸妈的教育方式完全不同，公公婆婆的关系更是她完全没预料到的状态，两个老人一见面就吵得面红耳赤，她却被吓得呆若木鸡。孩子出生后，她的爸爸妈妈、公公婆婆都来到她家，四位老人的互动，成了她最难面对的事，她像夹心饼干一样挤在中间。先生则逃出去，因为他无力处理这么复杂的事。她经受着煎熬和痛苦，她曾想离开婚姻，可大家不允许，她必须维持婚姻；她也曾想逃离家庭，搬到另外的地方去，大家也不允许。最后她在混乱无奈之下，选择离开婚姻，背负了重叛亲离的压力。但离婚后发现，所有的问题仍然在，她必须继续面对，无处可逃，她只能带着痛一点点成长。我的咨询一直陪伴着她。三年后她告诉我，现在她不再是骄傲的公主了，变成了一个普通的女人，成熟了、安全了、有力量了、长大了。她说："假如当初没有从婚姻中逃出来，也必须经历痛苦的蜕变和成长。逃无可逃，不得不面对，这也是无奈中的必须。现在我重新开始新的婚姻，这个难题还是要自己面对。不过，我已经越来越有信心了。"骄傲的公主被打倒在地，又重新爬起来，经历了成长之后，她明白人生可以逃离婚姻，但逃离不了成长。

第二种类型，**你面对婚姻时，是不是受害者？**在与爱人或恋人相处中，发现自己无能为力，被耍弄，被愚弄，甚至被忽略、被施暴等。有很多女性，习惯以受害者身份投诉恋人或爱人，说对方有多可恨，多愚蠢，多不负责任，她自己则多么可怜，她为他做了很多，可他不领情，还是照样劣迹恶行……从小到大，接触的很多扭曲的婚姻理念在一些女人心里深深扎根，比如"男人有钱就变坏""妈妈说要小心男人，要防着他们，他们花心，可能会抛弃你"，等等。很多女孩子进入婚姻前，会非常犹豫、非常恐惧，担心自己会被抛弃，会受到伤害。女孩还没结婚，先想象最可怕的各种事情，并不断地强化这些可怕的想法。这种心态，会把自己锚定在受害者预期的状态里。

很多人就是带着"女人就是受害者"的心理预期进入了婚姻。因为她在潜意识中期望自己会是一个例外，但愿结婚后一切都会好；她期望用自己的爱和包容感化、改变对方，认为等感情成熟了就会好起来。带着这个自以为的美好期望，会发现结果越来越糟糕，也许会遭受家暴，遭受被忽视的冷暴力，也许爱人会对她说："我后悔跟你走到一起。"两个人慢慢地创造出更加疏离、名存实亡的夫妻关系。这个女人用所有机会证明了自己是一个可怜的受害者。

受害者的信念包括：女人天生就是弱者；女人天生就是没有主动权的；女人天生就是比较可怜的……这样的心态牢牢限制了自己，内心深处就会期待和酝酿婚姻带来的伤害，证明自己就该是个可怜人。一些五六十岁的女性，总是摇着头唉声叹气："女人就是可怜的人，我妈妈当初就告诉我，女人就是会受苦受累受罪，现在你看，我妈妈是这样，我也是这样，我又生了一个女孩，我担心她的未来也会是这样。"在这样的催眠暗示中，女人能享受到婚姻的幸福吗？传递给女儿的，是婚姻真正的意义和价值吗？

静下心来问自己："女人本身就是弱者，是可怜虫；女人没有保障，要依靠男人；女人天生就是受害者……"这些信念在你内心深处如何影响着你？你不断翻看男朋友的手机，不断关注他跟哪些女人走得更亲近，不断监视他与女同事的关系，你随时随地都警觉地竖起两只耳朵，大大地睁着双眼，注意他的所有蛛丝马迹。在这些行为背后，你能看到这些信念带给你的恐惧吗？你在受害者心态中的自动反应，会让你们彼此更加辛苦，这样的婚姻没有前途。

第三种类型，**面对婚姻时，你是女汉子吗？**与受害者的"弱"相反的是另外一种女人的"强"，自己打拼，准备好了房子、车子、票子甚至更多家产，面对男人，很简洁、很有力量地宣告："我什么都不欠你的，什么都不缺，我们两个就是过日子，过得好就来，过不好就分，我什么都有，我可不是'嫁汉嫁汉穿衣吃饭'，我很能干，你需要什么找我就好了。"这种女性在准备婚姻时，把自己武装得足够强大，她内心的信念就是：女人不能成为弱者，女人要自尊，女人要自强，女人要自爱。永远都不要丢掉工作，永远都不要找别人讨饭，永远都要花自己的钱，这样的生活才安全，才踏实。

假如你内心里也有这些声音，你跟男性的相处会很特别，你看到的男人都是没什么出息，个个都不怎么样的状态。这个人软弱，那个人幼稚，很难有人得到你的认可。即使有些乍一看蛮有力量的男人吸引了你，但跟他相处一段时间后，你也会发现他骨子里藏着的狭隘、窝囊，然后你会从骨子里蔑视他，越过越觉得他没出息。所以你一定要打拼自己的事业，在家里要占上风，一定要把不成器、窝囊的丈夫扶到某个台阶上，当你无论怎么努力都扶不上去时，只能疲惫地抱怨道："钱是我赚的，房子是我的，孩子是我养着，你什么用都没有。"很多女人慢慢成为女汉子的同时，也慢慢变成一个怨妇，一个多嘴乌鸦，让家人避之不及。她自己满腹的心酸，满脸的泪水，不知道自己错在哪里了，越唠叨越说教，越想扶持对方，那个人就越没出息，越对抗。

女汉子对男人的最大蔑视是：这个男人没什么用。有个年轻妈妈说："这个男人连尿不湿的用处都比不上，我不知道要他干吗！"越是这样，女人在婚姻中越难享受幸福，女人难以回归到女人的身份，想要的温柔、放松、甜蜜将离她越来越远。她的丈夫可能被边缘化，可能越来越猥琐，慢慢地离开家，女人要扛起更大的责任。付出越多，越无法得到想要的尊重，不管多么不甘心，心里多么不平衡，有多少抱怨，都没办法像小鸟依人一样的女子，渴望一点点幸福、一点点温柔。女汉子收获更多的是痛苦、不平衡、愤怒或仇恨，是一种更有力量的怨妇。

问一问自己，这是你形象的素描吗？在你的心里，你和另一半是什么关系？我曾为一位三十几岁的女士做咨询。她不断投诉老公如何不担当、没责任感，如何没出息。我问她："你想要什么？"她说只想让他回家。我又问她："他回家之后你想要他给你什么？"她说只想他温柔地对待自己。我说："你知道吗？他很怕你。"她说："你怎么知道？他也说他怕我，我又没什么好怕的。"然后她又开始爆发咒骂起来。我引导她："在心里看到你爱人，看你跟他是什么关系？"她突然说："我从来没有发现，我跟他不是爱人关系，其实是敌人的关系！"因为她妈妈一直告诉她女人要自强，所以她总是害怕比老公弱，怕被他压制，所以在所有的事情中一直想占上风。她有意无意地证明给他："你不对，我才是对的。"她赢了这个斗争，却输掉了感情。人怎么可能跟敌人相爱相伴呢？

心理辅导时，我引导她走进自己的内心世界，在她愿意看到先生时，也同时看到了自己。她发现自己在先生对面，开始时是一个"死撑"的强者形象，当坐到先生的位置上，看着强势的自己时，感觉对面坐了一个把自己架起来的小女孩，张牙舞爪，指手画脚。她换位在先生的角度看着自己时，很不好意思地笑了。然后她把肩膀放下来，开始真实地在先生面前表达了："我其实不知道该怎么跟你相处，我怕你会伤害我，所以我先来压住你。"说了真话之后，她突然感受到，自己内心温暖的部分逐渐苏醒，女性柔软但坚韧的部分呼之欲出。

假如你是女汉子，我奉劝你尽可能不要结婚，因为你一个人就够伟大了，根本不需要一个拖油瓶。有人说："不行，我妈在逼婚。"假如一定要结婚，从今天开始，你先要看到自己这个模式存在的问题，要准备好改变，才能够收获你想要的真正的幸福。

第四种类型，**在婚姻中，你是"孩妈妈"吗？**本来婚姻双方是平等和相互尊重的关系，是相互陪伴的过程。可有很多女人母爱大爆发，在和男性相处的过程中，让自己不知不觉变成"妈妈"的角色。很多男人不太会照顾自己的日常起居，女人在照顾男人生活的过程中，就慢慢进入了照顾小孩子的"妈妈"角色。早餐端到面前，打好洗脸水，把穿的衣服全准备好，做好所有这些，自己就很满足，很有价值感。因为老公很乖很听话，我可以控制你；同时我也很不容易，像老妈子一样伺候你，你要对我好一点，对我言听计从、体贴温柔。这种类型的女性有这么多内心的潜台词，可能连自己都没意识到，一个爱与伤感交织的大戏就这样上演。

假如男人乖乖地做了听话的"好孩子"，夫妻之间的关系会比较和谐。一旦有一天男人突然冒犯了，在享受很多照顾后却不领情，甚至觉得妻子还应该做得更多一些，因此一不开心就跑出去，跟别的女孩玩。女人"妈妈"会被激怒，情绪大爆发，觉得被骗上当，觉得失望，好似看透了全天下所有男人的真面目，从此以受害者身份出现。这样的女人在婚姻中找不到自己的位置，只会做"妈妈"。一方面给予对方无微不至的照顾，另一方面，当发现对方不听话时，会升级为指责和说教，激起对方的羞愧心和内疚感。这样的行为背后的动机只有一个，那就是控制对方，让其做听话的"孩子"。

假如女人照顾对方，想收获一个听话和乖巧的另一半，可对方并没有处于"儿子"的状态，表现出反抗时，自己就会觉得失望。这时女人往往会用"妈妈"的身份指责说教"你看我都是为你好，你看我为你这么操心"，不断增加对方的罪恶感和内疚感，对他越好他亏欠感越重，有一天承载不了了，无法回报，就会选择逃掉。他无法给你所期望的，逃掉就可以暂时过放松、自在、随心所欲的生活。假如女人不知不觉间把自己放在"妈妈"的位置，不断付出、不断抱怨、不断指责，已经丧失了婚姻本身的平等，对方跑掉或被吓跑，你所期望的长长久久的婚姻也会因此落空。

公主、受害者、女汉子、孩妈妈，各位女士在其中看到了自己的哪些影子？你最被触动的是哪个部分？

也许你的心里有很多东西在涌动："这也不是我愿意的，我也是无意之中被塑造成这样的。既然我现在状态不好，那干脆不结婚，就可以逃离这些痛苦。"如果你得出这样的结论，那表明你仍是小孩子的心态。一个人可以逃离婚姻，但生命中僵化的模式和心态，迟早都是未来成长的阻碍。即使不被婚姻碰触到，你也会在未来生活和工作中受到挑战，无处可逃。这是生活中迟早要面对的成长，当遇到各种各样的挑战，公主的傲慢会被刺激到，感到被他人伤害的痛苦，甚至不经意间做了公司里某个员工的"妈妈"，自己付出很多，对方却不领情，只换来满身的伤害。你还能逃到哪里呢？

## 二、女性成长之道

第一，先觉察、看到自己是怎样的类型和模式，对号入座，对症下药。

第二，寻求解决之道。先看一下四种类型的人对"先救媳妇还是先救妈"这个问题的反应：想做公主的女人，希望爱人先救自己。受害者类型的人，无论爱人怎么回答，都会不开心。男人要是说："先救我妈"，那么她会认为对方不在乎自己；男人要是说"先救你"，那她就会认为这个人没良心，你妈把你养大你都不救，你对我也不会好到哪里。总之，无论男人怎么做，她都有受害感。女汉子类型的人更难找到适合自己的位置，无论男人怎么回答，她都觉得男人不够资格，不够拼；孩妈妈类型的女性则会说"算了，不让你救，我自杀算了"。同样一个问题，每个人投射的都是人生各自不同的状态，不仅影响婚姻，也一定影响生活的全部，必须找到解决的方法。

怎样解决呢？首先要明白，这些状态跟每个人的成长经历有关：诞生在怎样的家庭、父母的教育、父母互动的模式等。妈妈在我心目中是怎样的女性形象，爸爸在我心目中是怎样的男性形象？每个人在六岁前，通过自己的视觉、听觉、嗅觉、味觉、触觉全方位地接受了所有信息，然后在潜意识里形成了男人和女人相处的印迹，成人之后在自己的家庭中无意识地逐渐复制和还原出来。

假如爸爸是一个很强悍的人，孩子从妈妈身上会学到讨好，以受害者的方式跟他平衡；假如爸爸是沉默、被边缘化的，女孩就学到了如何把男人边缘化，蔑视男人。很多女孩童年的记忆中，爸爸妈妈一直吵架，妈妈不停地唠叨、说教，爸爸则一声不响，孩子看到这样的景象，既会感觉爸爸很可怜，同时又觉得爸爸很窝囊。妈妈很强势，孩子讨厌她、恨她，同时又渴望靠近妈妈。很多孩子会暗下决心："等我结婚了，绝对不会像你们这样，我要做一个比妈妈好的人，我要找一个比爸爸优秀的人。"

这就是一个孩子对父母的互动没有选择地全然吸收，在心里刻下深深的烙印，埋下了种子。成人之后她开始去寻找另一半，对婚姻有份渴望和期待。她会睁大眼睛找一个不像爸爸的男人做丈夫，并发誓绝不像妈妈那么乏味、挑剔，她以为这样就可以跟父母有不一样的婚姻了。可过了一段时间，也许三五年，也许七八年，蓦然回首，突然发现自己在重演妈妈的角色，而那个意气风发、风流倜傥的男人，也不知不觉变成沉默、窝囊的样子，变得越来越像爸爸的家伙了。

这似乎是一个可怕的规律，一个可怕的轮回，越怕什么越来什么。到底是轮回在起作用，还是自己内在的动力把一切慢慢变成这样的？

实际情况是怎样呢？假如这个女人有了成长和变化，两人关系也会随之变化，"轮回之力"就会消失，不必归罪于轮回，是自己不知不觉在复制母亲的状态，吸引了对方以相应的模式互动。假如想打破轮回，就必须重新看到心里的爸爸妈妈，跟他们完成心理的告别，才有能力开始新的生活，扩展自己的模式，学习自己照顾自己，完成女性的成长。

## 三、你的矛盾心态

在四种类型的分析中可以看到中国女性特有的矛盾的心理状态，一方面渴望被男人照顾，另一方面内心又有一份"沉甸甸"的傲慢，害怕受伤、处在防卫状态，对男性有一份潜意识层面的不屑、蔑视、控诉甚至是仇恨的情绪。

我在几次带领大型团体疗愈的课程中，分别处理过男性与女性冲突的案例。有些女孩子是家中多个女孩之一，或者虽然只有一个女孩，但感受到家人更期待生个男孩，觉得家人不接受她，她很渴望做男人。这样的女性在与先生互动时，很难找到想要的幸福。

我邀请在场的所有男性站在右边，所有女性站在左边，形成面对面的两大阵营，邀请女性对男士说："你们代表阳性力量，所以你们更强大。我代表女性的力量，所以我需要跟随你们。"很多女人完全说不出来。男性本来代表阳性力量，主宰跟世界的关系，是强大的、刚性的部分，女性则代表亲密关系，阴性力量，是细腻的柔和的，但女人们不愿意面对需要跟随男性的这个现实。

当我引导女士对男性说："我控诉你们，我恨你们！"这时候几乎所有女人都愿意说，并且带着愤怒，会跺脚、喊叫，非常愤慨，甚至流泪。当我引导女人把内心长期沉淀下来的对男性的愤怒、蔑视、仇恨畅快地表达出来时，女人们开始变柔软了，重新站回自己的位置，就愿意表达："我想靠近你，我想跟你一起走下去。"当女人这样表达时，男人们就会非常有力量地走过来，主动拥抱自己的另一半，带着女人走向未来。这时的男人无一例外都是担当的、勇敢的、有力量的。

为什么现实中，日子过着过着就把很多男人的担当、责任和力量都过没了呢？女人用居高临下的指责、否定、说教，将男人逼到沉默、被边缘化、退缩、害怕靠近女人的状态，自然没有力量可以表现，他们用这样的方式默默地平衡着阴阳。当女人意识到，内心深处有如此强大的、世代相传的抗拒的力量时，你需要先看到并把这些表达、流动出来，然后才能放下它，才真的回到自己当下的身份，面对男人，有真正的跟随、陪伴和温柔的感觉流动出来。

海灵格先生有一段很经典的话讲到男人女人的关系："女人要跟随男人"。女权主义者听到这里可能即刻会跳起来，谴责海灵格对女性有歧视，但她们太着急了，后边还有句话是"男人要为女人服务"。"女人要跟随男人，男人要为女人服务。"海灵格先生巧妙地把两性关系做了恰当的诠释。女人要允许自己跟随男人，才能享受到男人对女人的服务。女人要允许自己看到生命的局限，享受男性用他的方式带领自己，跟这个世界连在一起。"女汉子"忽略男人的力量，抗拒被男人带领，一边渴望被照顾，一边又推开服务；"孩妈妈"更不相信男性可以为她服务，可以带领她与世界互动。"公主"和"受害者"更加如此，缺少对男性的尊重与认同，内在有极深的对男性的蔑视和抗拒的力量。你只有看到男性的力量，允许表达流动出来，才能真正放下自己的错误婚姻角色认知。

## 四、对父亲的态度

有些女孩婚前总在换男友，婚后总在换伴侣，两次三次的婚姻仍难以满意，甚至越换越难以找到感觉。每当这时，我总是会带着她去看她内在的与爸爸的关系。原来在她早期成长中，爸爸跟她没有充分连接。有的爸爸在外地工作或者常出差；有的爸爸虽在身边，可爸爸的情绪压抑得厉害，表现出所谓的窝囊和退缩，女孩感受不到男性的力量和保护，她没有学到、做到对爸爸的尊敬。在她内心有个巨大的黑洞，感觉需要爸爸的爱。爸爸的爱到哪里去找？去跟男孩谈恋爱，感受男孩的保护和照顾。她最初会觉得满足，可一段时间之后，发现不是她想要的，就再开始新的感情。无论什么样的男人，都与她内心渴望的父爱相去甚远，同时因为她很难真的尊敬男性，跟一个男性相处久了，就开始像藐视爸爸一样蔑视这个男人，被蔑视的男人早晚要逃离，所以这样的女人没办法跟任何男人长久相处，更无法谈及甜蜜的婚姻了。

让我们在冥想中带你看到自己内心与爸爸的关系：

静下心来，看你内心中的爸爸的形象。你跟他的距离怎样？你内心的感受如何？你愿意靠近他吗？再请看到你和爸爸妈妈的关系，看一看在你心里，爸爸的身边是谁？妈妈在哪里？你在哪里？看到三人眼睛的转动，身体移动的方向。

然后请你睁开眼睛，把你看到的内在画面描述出来。

假如你有个完美的爸爸，给了你所有的爱，你更懂爸爸，离爸爸最近，也许你不知不觉地让自己站到了爸爸身边——这个本来属于妈妈的位置，你把妈妈挤走了；当你觉得自己更适合爸爸时，你心里把爸爸当作自己渴望爱的对象了，在未来的婚姻中，你很难找到一个真正满意的男人，因为没有哪个男人比你爸爸更懂你。假如你没办法从爸爸身边离开，做了爸爸身边的女性，你当然不会尊敬你妈妈，不会真正接纳新的男人，很难与异性相爱、相处。可以确定的是，假如你没办法跟父母好好相处，就很难跟爱人相处；假如你不能照顾好自己，就很难真正照顾好你和爱人的关系。婚姻中出现的这样那样的问题，总会不断刺激你挑战你。

当你第一次从这个角度了解自己的内在状态，了解这些状态如何影响婚姻，在更深的动力系统中解读婚姻，揭开神秘婚姻的面纱，你会有怎样的感觉和发现？

问问自己，可以照顾自己、爱自己吗？问问自己，能够放下受害心态，愿意尊敬并跟随男人的带领吗？你愿意放下妈妈做女人、做太太，重建适合自己的生活状态吗？

## 五、冥想——女性成长

带着这样的思考，我们做一个放松练习，在放松过程中看到自己内心真实的状态。用我们已经非常熟悉的方式，让自己双脚分开，平放在地上；双手分开，平放在两条腿上，开始把注意力放在呼吸上。开始关注自己的内在，然后让自己慢慢放松下来。

在心里看到你自己。不管她是以几岁的形象出现，让自己慢慢在心里看到自己，看到爸爸和妈妈。看一下你们三个是怎样的关系？你的身边离你最近的人是谁？还有一个人，他又在哪里？假如在你心里可以看到爸爸，看一看在爸爸的眼睛中，你能感受到什么？你感受到全然的爱，是吗？你有很多的感动，或者你有一些委屈。当你看着爸爸的眼睛，或许你会对他说"爸爸，你是我的爸爸"，一边说一边让自己在心里低下身段来，甚至蹲下来。从低处向高处仰视爸爸，以一个小孩子的视角去看着高大的、有力量的爸爸。同时把爸爸的那份力量、那份高大和爸爸特殊的爱吸收进自己的身体里，再一次感受到爸爸所有的给予已经跟你的身体完全融合在一起。你是他的宝贝，你是他心里爱着的女儿，你是他的掌上明珠。深深地呼吸，再一次感受爸爸给予你的所有的爱和力量，直到你觉得足够。当你觉得足够的时候，看着爸爸的眼睛，对爸爸说："爸爸，你是我唯一的、最好的爸爸，谢谢你把生命和力量一起传给我，谢谢你和妈妈共同孕育了我，你给我的已经足够，你没给我的，我会自己去创造。爸爸，请你祝福我！"

当你说完这些话，爸爸的眼神会有怎样的变化？你自己内心又会有怎样不同的感觉？在心里看到妈妈，看着妈妈的眼睛告诉妈妈："你是我的妈妈，谢谢你和爸爸给我生命，你们已经给了能给的一切。"看着妈妈的眼睛，假如妈妈和爸爸之间的距离比离你的更远一点，你就对妈妈说："妈妈，现在我把你的位置还给你，你才是最适合我爸爸的女人。"感受一下，当你这样说的时候，当你的位置向后撤时，让妈妈回到爸爸身边的时候，你内心的感觉怎么样？有很多感动，是吗？你会看到两份力量和爱，你会感受到自己作为他们的孩子，已经具备了所有的可以照顾自己的能力。

当你准备好的时候，你愿意带着父母给予你的所有的力量和爱，真正回到你的人生，回到你的未来，去跟你的恋人或爱人一起创造你们未来的婚姻生活。试着在你心里看到你的恋人或你的爱人，他在吗？他愿意跟你一起走吗？在心里看到你们两个人手牵手走向未来，背后是爸爸妈妈的祝福，这个小公主愿意自己长大了，这个小公主准备好，不需要伪装得那么强大，也不需要那么可怜兮兮，更不需要借用妈妈的身份做女人，她准备好去用一个平等的女性的身份，去跟另外一个男人创造属于他们的婚姻生活了。

在内心里看到这个画面，深吸几口气，把这个画面放在自己心里，让它进入自己的生命里，在未来的人生中慢慢地活出来。给自己一点时间，让自己从这里慢慢地完成，慢慢地出来，回到你的房间，直到你准备好的时候，就让自己睁开眼睛。

经过冥想，你们已经是足够成熟、有能力照顾自己的女人了，恭喜各位。

## 互动分享——了解我，创造我们

让自己做张表格，这是一个很锻炼头脑的练习，对你们会有帮助。

**需求练习表**

| 在某方面 | 我需要什么 | 我希望他怎么做 |
|---|---|---|
| 在某方面 | 他需要什么 | 他希望我怎么做 |

在你走向婚姻时，需要跟另外一个人分享对生命的期待和自己的渴望。你有哪方面的需要？希望对方为我做什么？一定要有一个明确的梳

理过程。比方说在穿衣服这方面我需要什么？我希望每个星期买一件新衣服，我希望他做什么？我希望他帮我出一半的钱。或者我希望他每个月帮我买一件新衣服，我要明确我的期望，头脑中明白，心里更清楚，愿意写下来让自己明确地看到。

当跟另一个人分享时，一定要明确地说出来，清晰地表达出来，让对方知道你需要什么。不要让对方猜你的心思，比如暗示对方说："我都跟你这么熟了，你还不懂我吗？"一旦猜不到，两人就会出现冲突，这样做小孩子互相猜的游戏，不如进行成人之间的沟通。

怎么做？在表格中的某方面"我需要什么"一栏，写下我希望他为我做什么？在某方面他需要什么？他希望我为他做什么？在买衣服这方面需要什么？他一年只添一件衣服就够了，是吗？要去问他，关于衣服这件事你有什么需要？你希望我为你做什么？让对方很真实地好好梳理一下，把他的需要写下来，两人讨论一下，每个月收支情况、财务状况，每月给你买一件衣服，有没有可能？不可能的话，两人再商量一下，两个月买一件好不好？或者每当换季的时候买一件好不好，或者用其他的选择。

只要你们两个可以达成协议，只要两人彼此心满意足，那目的就达到了。假如你明确了对方的需要，对方也明确了你的需要，主动为对方创造一点意外的惊喜，一定会增加你们情感银行的余额。账户里一定要有基本的储存，储存之外的收入，是另外一份收获。用这样的方式，让自己和对方明白彼此的期待，彼此能非常清晰地表达和照顾到对方的需要。既可以照顾自己，同时也可以照顾另外一个人。这样开始的婚姻，会少些猜疑，多些彼此之间的欣赏和好奇；少些委屈，多些彼此照顾的欣喜。有我，也有我们，是彼此相爱的幸福体现。

# 第七章　你的爹娘，我的父母

**亲情之问**

我到底是要跟这个人结婚，还是要跟他的家庭结婚？

当我无法接受对方父母时，怎么办？

我不想让孩子接触老人，他们太迂腐了，这有什么不对吗？

## 一、家庭影响婚姻

在前面几章中，大家的视角被拉到更宽广的全新领域，深入理解了男女情感关系的最初烙印源于小时候爸妈的互动。假如女人没学到如何尊重男人，而是忽略、蔑视、控制男人；男人没学到如何尊重女人，而是习惯于被否定、被忽略、被控制的角色，这样的男女在一起，就要上演一场场闹剧和悲喜大戏了。

有位男士说："过去总觉得婚姻很神秘，现在听您的解析，发现奥妙无穷。"结婚不只是男女两人的事，更是两个家族互动的大事。有没有想过，我们每个人背后的家族成员有多少人？答案是：无法计数。有人曾算过，每个人身后有一对父母，父母的背后各有一对父母，一代代算下来，到第五十代时就是一串很长的人口数字。每一代祖先都是经历了自己的人生，又一代代把生命传承下来。所以每个人身上都带着整个家族的基因和烙印，是带有各自不同的精气神，不同历史印迹的代表，家族对每个后代的影响，无法忽略和否定。

可很多年轻人谈恋爱时，只在乎两个人的感觉，认为我只是跟对方一个人结婚，他的家族跟我无关。这种观点很短视、很幼稚。结婚之后，你会发现对方身上流露出来的一点一滴都是家族的影响，而自己身上流动的，也是自己被家族深刻影响的印迹。

两个完全不同的家族走出来的两个完全独立、不同的人，在同一个屋檐下过亲密生活，碰撞的绝对不只是两个人，而是两个家族的差异。假如你不接受彼此背后无形而又强大的家族力量，是无法跟这个人好好生活的。

有些老人家会打听自己孩子的恋人的父母的情况，他们的职业、家庭环境、父母关系等，年轻人往往不耐烦，觉得家长太世故，"问那么多干什么，我又不跟他们在一起，我们结婚后会单独住"。

家族对家庭生命影响的概念，是非常需要普及的基本常识，如果对这个概念无知，将会给未来的婚姻暗藏非常多意想不到的麻烦，所以必须分享这一章的内容。

借用媒体上公众人物的案例来分析，更容易让大家有共鸣。几年前王某某的婚变引发很多人的关注，我也带了一点好奇心，追踪了一段时间的报道。有一个细节是：王某某在河北农村出生长大，小时候家里很贫困；马某家在西安，父母有稳定的工作。王某某和马某结婚后，王某某会去马某家，可马某好像从没去过王某某的农村老家。这个细节足够重要，可以据此推测出，他们两个的婚姻不会长久，迟早会分开。为什么呢？一个女人，完全不接受丈夫身后的那个家族，不接受公公婆婆的历史背景和现实存在，这不仅是对公公婆婆的蔑视和忽略，更是对自己丈夫的全然否定！没有尊重的婚姻，怎么可能长久呢？

每个男人都不是孙悟空，不会自己从石头缝里蹦出来，他的身后一定站着父亲母亲。父亲是怎样的性格特点？母亲是怎样的性格特点？他们两人如何互动？他们生活在怎样的环境中？经济状况怎样？他跟父母的关系又是怎样？祖辈的状态又是怎么样的？所有这些，都会在这个男人身心留下深深的烙印。他曾经赖以生存的原生家庭，有一个牢不可破的铁三角关系，不仅有简单的血缘关系，他的精神上、身体里都流动着父母和祖辈思想的影响，这是精神的遗传基因，本能地牢牢烙在意识、潜意识里。

女人也同样，女人背后也有自己的爸妈，爸妈给了一切，包括所谓好的影响、不好的影响，所有的影响塑造了一个独特的女孩。两人结婚以后，在现实生活的互动中时时刻刻都能体现出彼此家族的传统习惯和风俗影响。你如果只接受本人，却不接受身后的父母，那是对这个人根本的否定。这个生命的根，就是与父母、家族的连接，这是生命源头所在，否认父母就是切断生命的源头。就像森林里的树，如果只看到泥土上面的部分，不接受树根，嫌它太粗糙而割断树根与树的连接，那么这棵树一定会死掉。

不接受伴侣的父母，其实就是否定伴侣的源头，就是否定这个人。还有什么比这个对人伤害更大呢？有许多像马某一样的女孩，她们不屑于谈论自己的公公婆婆，甚至要监管先生金钱的使用，不允许周济家里，不允许老家人来做客，更不会带着孩子回老家，她们口口声声是"你爸你妈"，而不是"咱爸咱妈"，甚至会带着嘲笑的口吻说："你们家就是那样，烂泥扶不上墙，我可不能让孩子再遗传你们家的穷酸样。"她期望能隔离开跟公公婆婆的关系，全然不顾自己丈夫听到这些话时内心的感受和痛苦，更不知自己触动的是丈夫内心的情感底线，自己已不知不觉失去丈夫的爱了。

所有男性骨子里对父母都是绝对地忠诚，可是结了婚，老婆却让他与根断掉连接，只能跟她在一起，对男人来说，这非常悲痛，心里会有非常强烈的内疚感和愤怒，他会有罪恶感，绝对不会轻松。他表面上看起来风平浪静，男人们真的很隐忍，"好吧！为了现在的家我认了"。可他越来越没活力，越活越压抑，越活越愤怒，也许下个当口就会突然爆发。女人竟会觉得奇怪，不明白发生了什么，现实让对方离自己越来越远。

她们完全不知自己不仅否定了对方的父母，也否定了他的出身。我所生活的苏州，很多人常把"你们乡下人""你们外地人"挂在嘴边，轻视甚至蔑视的神态溢于言表，这样的表现总会激起别人的愤怒和抗拒，说话者完全没有对别人的理解和尊重。你如果不能体会曾经生活条件艰难的人对养育自己的父母拥有的无以回报的内疚感，就无法共情于他对于家里省吃俭用的爹和娘，拥有多么强烈的回报愿望。父母给他越多，他也会越有压力、越内疚，为了平衡，他一定会用钱物或者帮老家人办事等，表现自己回报的心愿。很多男人会偷偷存钱寄回家，这一旦被太太发现，又会变成夫妻之间新的战争。

## 二、一碗汤的距离

之前在一个微信公众号里看到一篇文章，是一位婆婆写给未来儿媳的信，那封信写得内容详细，非常理性，包括家里所有财产的分配和未来打算，简直把所有可能的纠纷漏洞都堵了。这其中的一条是：儿子是我们养大的，所以将来给我们养老是应该的，而你的爸爸妈妈没有养他，所以他不应该拿钱给你爸妈用。我们帮你把一切都安排好了，包括坐月子的保姆都找好了，你只需要帮我们传宗接代，此外什么东西你都带不走，所有的东西都是我们家的。这个精打细算、非常聪明的婆婆，对儿媳的防范可谓周密。很多读者跟帖说，她要找的并不是一个儿媳妇，而是生育工具。这封信的字里行间没有爱，没有感情，只有不能相容的防范，背后是极大的生存恐惧。一个女人若走进了这样的家庭，被婆婆如此约束、教导，永远没有两个家庭融合的感觉，会幸福吗？同样，一位先生被家庭忽略、否定和边缘化，还能跟太太好好相处吗？

在独生子女占主流的社会里，有人提出"一碗汤的距离"这个理念。所谓"一碗汤的距离"就是孩子结婚后，为防止冲突，爸爸妈妈不跟孩子一起住，但要住在离孩子一碗汤的距离，比方在一个小区里，爸妈把汤烧好了，端过来不会凉，还可以坐在一起吃饭，吃完饭赶紧分开，各回各家，这样会减少矛盾。

还有个观点就是，永远都不要允许你的七大姑八大姨以及那些所谓的亲戚介入家事。这条主要是针对婆家的限制，这样的观念是不近人情的，一定会带来很多婚姻矛盾。小夫妻都是家里唯一的孩子，双方父母都不肯放开，然后就过年过节"各回各家找各自的妈"，两个人的"我们"越来越少。一出现矛盾，各自跑回父母温暖的小窝里寻求保护，两人都可以不面对矛盾，因为有地方逃，不需要面对冲突。这样两个人就一直停留在不长大的状态，没办法真正走出自己的原生家庭，创建自己的核心家庭，对彼此和家族都是极大的伤害。

总有这样执着的父母，无知地阻碍着孩子真正长大。作为当事人，要怎么办？你必须在明理之后，主动接受对方的原生家庭，也要介绍自己的原生家庭，双方共同接受，这也是一个共创"我们"的过程。

在许多独生子女的家庭中，更大的矛盾是为生了宝宝姓谁家姓，进而导致吵架或离婚的。有个案例：两家最初讲好生了孩子姓男方的姓，但结婚时女方出的钱财多于男方，在生了个男孩之后，女方变卦了：我们投入大，应该得到足够的回报，孩子应姓女方姓。由于违背了最初约定，两家发生了极大的冲突和矛盾。很多人会不解，甚至觉得滑稽，但是真的有很多人为此痛苦，对刚来到这个世界的宝宝更是无形的伤害。成年人在为自己的立场"斗争"，忽略了融合，忽略了刚出世的孩子的需要，完全没有给予新生儿充分的安全感和尊重，因小失大。

以上各种乱象都提醒我们：进入婚姻时，要在内心真的接受对方的父母和家族，绝不是结婚仪式上的一个鞠躬就简单应付了事。当你从"心"出发，带着真正的尊敬去完成这个鞠躬仪式时，同样也完成了夫妻二人的成人礼。

## 三、家庭也要成长

我曾经遇到过这样一个案例：一个女孩认识了一个男生，要结婚时，才发现对方家境优越。男生告诉她真相："我害怕告诉你之后你自尊心受不了。"女孩开始犹豫，她害怕在这个家中被歧视，难以融入其中。女孩动摇了，想悔婚。所有亲友都说她多虑，她来找我做咨询，我引导她做了一件事，放下了她内心的自卑，更自信地进入这个家庭，后来她一直坚持学习，婚姻经营得很幸福。

我跟她策划，在婚礼中，完成一个对公公婆婆的接受和连接的仪式。在所有既定流程完成后，司仪应新娘的请求，安排了这个仪式。新郎庄重地牵着新娘的手，来到公公婆婆面前，女孩对公公婆婆说："亲爱的爸爸妈妈，你们是我的公公婆婆，非常感恩你们生了这么优秀的儿子，从今天开始，他是我的丈夫，我愿意跟他一起创造我们未来的婚姻生活，我有一个优秀的丈夫，我对你们无限感恩。"然后她恭恭敬敬地在公婆面前做了很深的鞠躬礼。她在这样做时，忍不住流下了感恩的眼泪，行完礼之后，她站起来，对公公婆婆说："从今天开始，我们两个有了自己的生活，我会学习好好照顾我自己，同时好好照顾我的先生，跟他一起创建我们未来的生活，请求你们祝福。"她以如此得体的方式要祝福，在那么隆重的场合落落大方地表现出对公婆的尊敬，公婆脸上很有光彩。她说自己会好好学习做儿媳，尽她所能照顾好家庭，现场很多人都为这个知书达理的好媳妇鼓掌，公公婆婆给了她深深的拥抱和足够的祝福。她又领着先生走到自己爸爸妈妈面前，对父母说："这是我的先生，从今天开始，我要跟他在一起生活。感谢你们给了我生命，你们给的已经足够，你们没给的，我们两人会去创造。爸爸妈妈请放心，也请爸爸妈妈祝福我。"她领着先生，在父母面前鞠躬行礼。

当他们坐回到自己的位置时，她与先生都是泪流满面。在这个过程中，两人都回到了孩子的身份，都看到彼此背后的父母，并表达了尊敬和爱，这个过程把两个家族瞬间连到了一起。然后夫妻俩又面向在场的嘉宾说："从今天开始，我们要学习创建未来的生活了，请祝福我们。"他们带着尊重、接受深深地鞠躬行礼，把渴望祝福的心愿充分表达。

婚礼后，这个女孩很容易地融入了丈夫的家庭里，公公婆婆赞叹她家境平凡，却有如此不凡的智慧，她以自己的自信争取到了平等。她不断学习和成长，在和先生互相陪伴的过程中，在孕育宝宝的过程中，都充满了智慧和力量，成为人人羡慕的好婚姻。

在这之后，婚礼策划公司决定把这些语言和仪式融入到婚礼流程中。我有一位朋友，在他客串婚礼主持时，就现场引导这个仪式。他还发现只要进行过这个仪式的夫妻，婚后的幸福指数都很高。

## 四、冥想——连接祝福

在你内心看到这个画面：你自己和你身后的父母，你的爱人和他身后的父母，你们面对面站着。

两个家庭，好像南极、北极一样遥远，如何把两个遥远的家庭连接起来？

想象你们两个转过身，面对各自的父母。我引导你说一些话，你需要把这些话收进心里，跟随着身体的感觉做一些动作。

这是你的婆婆，这是你的公公，这是你的先生。请先生向你爸爸妈妈介绍你的太太。

先生："爸爸妈妈，这是我太太，我们已经建立了我们的小家，我会好好照顾我和我的家庭，请你们祝福我们。"

太太被介绍时，体会内心的感觉，同时看着公公婆婆，体会心里的感觉。你再复述这段话："爸爸妈妈，从今天开始，我是你们的儿媳，你们是我的公公婆婆，感谢你们生了这么好的孩子，成为我的丈夫。我很爱他，我愿意好好照顾我自己，也照顾好我们的家庭。我学习做一个儿媳，成为家庭的成员。请你们祝福我们！"

体会这种温暖的感觉，同时用身体行动表达这份感恩。跟着身体的感觉，慢一点做，体验那个过程，确定发自内心地完成这个部分。鞠躬是一个很重要的仪式，仪式之后释放的是自己，连接的是自己，所以要发自内心地完成，直到觉得足够。

感觉彼此接纳、信任、接受、被爱，感觉家庭的和睦和情感的富足。如果五体投地跪拜下去，又会有怎样的感觉呢？是的，你会感觉更有力量，收获更多感动。

面对太太的爸爸妈妈，把自己的爱人介绍给爸爸妈妈。"亲爱的爸爸妈妈，这是我的先生。从今天开始我们将要一起生活了，感谢你们给我生命，也把所有的力量和爱给了我。请你们祝福我们！"

先生："爸爸妈妈，从今天开始，我是她的先生，也是你们的女婿。感谢你们生下了如此美丽善良的女儿，现在她成为了我的太太。我会好好珍惜她，我会好好跟她一起创建我们未来的生活，请你们祝福我们！"

再真正发自内心地把感恩和祈请祝福的心愿表达出来，跟随身体的感觉去拥抱。

完成之后，感觉这份温暖和幸福。想象公婆、父母会有怎样的表达？是的，他们会由衷地祝福你们，会放心地让你们去走自己未来的路。

带着这份感觉去找到自己的位置，站在两对父母的前面。这时的你们不再是两个孩子，而是已经开始创建新的核心家庭的成年人，你们将带着力量走向共同的未来！

我猜，你能明显感受到从身后传来的巨大的力量，两个家族都会祝福新家庭向前走，两个家族会期待新生命的诞生，这就是非常美妙的时刻，也饱含对新生命即将诞生的期待。

这个仪式真的很重要，我强烈地建议，假如你想决定自己的未来，那么就可以为你的人生完成这个连接仪式。假如你没能在婚礼中完成，现在也可以创造一个机会，主动设计去完成，补上这一课。比如过年回家时，夫妻二人一起在公婆、岳父母面前长长地叩拜，把那段接受父母的话说出来。所有的连接一定会带来更多爱的流动。

经历了与双方父母的连接，你一定会明显感觉到内心的喜悦和力量。经常有人兴奋地跟我分享："真奇妙，当我站在父母面前说完那些话、鞠躬、叩头之后，就有完全不同的感觉和体验！自己不知不觉就变了，跟家人的关系也变得更好了。"这就是奇妙的体验式成长，用身体带着心灵去表达这些疗愈性的智慧语言，身心合一地说每一句话、做每一件事，就会身心快速整合，获得新的生命体验，在积极的状态下创造身心共同的改变！这些经验就再也不会离开你了。

接受和连接父母的练习可以随时去做，日常生活中遇到麻烦、困扰的时候，力量不够或关系纠缠不清时，都可以自己在家里完成。当你熟悉了流程之后，让你的身体带着你自动完成。已经送给你这个礼物，怎样领取由你自己决定。

有人问我："你结婚20多年了，怎样跟爱人相处，怎么做得让你们两个关系这么好？"我从来不曾对他的父母有任何否定，主动为他的父母、家人做些事情是我的秘诀。我为他的家庭的付出，是我心甘情愿、爱屋及乌。你对一个家族有着感恩之心，自然也会收到整个家族的祝福。

夫妻之间最大的禁语是否定对方的爹妈。很多人会评价自己孩子说："看你这个熊样，就跟你爸家的人一样"，或者"你就越来越像你姥姥家的人，一身坏习惯"，这样说话，对孩子和老人都会造成伤害，应绝对禁止。

没有什么比肯定对方来自一个伟大的家族更重要了。建议你利用清明节，跟爱人一起回家祭祖，去连接家族的祖先。假如有孩子，也带着孩子完成这样的连接，孩子就会获得两种力量的祝福。

## 五、冥想——生命长河

闭上眼睛，用我们习惯的方式深呼吸，用我们习惯的方式进入内在连接的部分。到现在为止，你已经很容易快速放松，快速跟自己连接。当你闭上眼睛的时候，就可以看到那条属于你的生命的河流，在你背后是你的爸爸妈妈，爸爸妈妈的背后是他们的爸爸妈妈，你的爷爷奶奶外公外婆，外公外婆的背后又是上一代的祖先，一代又一代的祖先，在你的身后呈一个巨大的扇形，甚至看不到边际。每一代的祖先都把他们的力量和祝福，通过他们的眼睛，通过他们伸出去的手传给下一代，所以在你的肩膀上，有着一代又一代祖先传递过来的爱和力量。做几个深呼吸，让自己吸收源源不断的祖先的力量和爱，让呼吸进入到你的每一个细胞，每一滴血液，每一寸肌肤。你会知道，你并不是偶然来到这个世界的，在你的身后是一代又一代祖先的祝福，让你成为目前为止这个世界一个重要的存在。连接上这个存在的力量，就连接了你生命的源头。当你觉得力量足够的时候，你可以感受到身边是你的爱人，或者你未来的爱人，身后也有他的父母，也有父母的父母，也有一代又一代的祖先，他们呈一个巨大的扇形，正通过他们的眼睛和双手传递祝福。

　　是的。他也是父母的孩子，跟我们一样；也是祖先的后代，跟我们一样。他的生命河流有跟我们不同的颜色，但是这从后而来源源不断地祝福都同样流经你和他。当你们准备好的时候，在你们前面就会有你们的孩子。当孩子来到这个世界的时候，你们两个就成为他们身后的爸爸妈妈，你们也把祝福、力量和爱通过你们的眼睛、你们的双手传递给孩子，而就在不知不觉间，你的孩子前面也有了他的孩子，孩子的前面又有了孩子的孩子，这是多么美妙的一个景象啊。你的生命河流和你身边的爱人的生命河流通过你们汇聚，来到你的孩子面前，又通过你的孩子，整合得足够美妙，继续传递下去。在你和爱人前面，是一代又一代的后代，这就是两条生命河流的汇集和传承的结果，原来我们每个人都不是孤单地活在这世上，原来我们每个人都是生命河流中重要的组成部分。我们接受爱，我们传递爱，再一次感受，你身处生命河流之中接受和流动爱，那个奇妙的一切正在发生，甚至你想做更大力的呼吸，去感受祖先传递过来的源源不断的爱，以及经过你向前面流去的源源不断的爱。我们每个人都是生命河流的重要的分子，都是传递者，都是接受者，好好地在这个过程中吸收，也好好地在这个过程中做几个深呼吸，记录这个美妙的时刻，让我们内心带着对天下所有父母的感恩，带着对天下所有孩子的祝福，慢慢地慢慢地回到这个房间里来。每当你今后有需要的时候，你就让自己自动进入这条生命河流，感受爱和祝福，传递爱和祝福。

### 互动分享

**（一）连接家族精神**

**1. 梳理家族特点**

坐下来好好梳理一下你家族的所有特点，所有特殊的、传承下来的你们家的传统，用一些形容词代表。比方说我家族的特点是坚毅、努力、勤奋……看一看，家族延续下来的什么精神在传承、影响着一代又一代的孩子们。

完成自己的部分后，跟爱人一起梳理他的家族传统和品质。

**2. 向孩子介绍家族**

跟你的孩子好好介绍他有两个多么伟大的根基支撑。妈妈的背后有很多祖先，他们的特点是什么？妈妈有，你也有。爸爸的背后有很多祖先，他们的特点有哪些？爸爸有，你也有。所以你会比我们活得更优秀，更有力量，拥有更美好的未来。让孩子感受这份源源不断的独特的资源，你的孩子就会变成天下最大的富翁。

**（二）寻家族之根**

你想让婚姻更好，让的孩子未来更好，请补这一作业。

1. 已婚者找个机会跟爱人一起去他的故乡看一看，看看祖屋，看看家族的祠堂或家族坟墓，陪爱人一起去寻根，陪他一起与根连接，爱人就会更有力量，你也会收获更多祝福。

2. 未婚者把今天这个练习跟恋人分享。第一，建议他自己多跟祖上连接。第二，有机会跟他一起寻根，接受他的根尊重他的根，共同准备好开始你们新的生命旅程。这将是非常美妙的礼物，非常有意义。把伴侣身后的爸爸妈妈**与自己爹妈同样对待，对他们感恩，请求他们的祝福。**

# 第八章　夫妻最有效的沟通

**婚姻之问**

爱要怎样说出口？

为什么受伤的总是我？

当你用爱包裹我，我要怎样逃离？

完成了与生命源头和根的连接，就像将生命的种子种到土里，接下来就渴望发芽、生根、开花和结果。

回到生活中，很多现实情况却让人始料不及：结婚仪式虽然有排场，铺大红地毯，宾朋满座，收获了所有的祝福，双方表现也很好，为什么日子过着过着，就拧歪了？承诺没了，只有数不尽的矛盾和争吵，总在为谁该倒垃圾、牙刷应该头朝上这样的小事上吵个不停，有时自己都觉得无聊，似乎进到一个怪圈，要么沉默，要么发动战争，之后是冷脸相对，等待下一次爆发。

大家好像都忘了最初的目标和约定，开始不停地种下跟当初愿望完全相反的种子。这颗种子包括愤怒、恐惧、轻视、自卑……终于有一天，那个人告诉你，这种日子过够了，想离开了，不想再玩了，游戏结束了，那时候，真正的伤痛才到来，每个人都会非常难过。这到底是谁的责任呢？夫妻本来渴望白头到老，本来可以相亲相爱的，怎么会频频出现冲突，变成"相恨相杀"的局面？有人渴望重新沟通，但听到的回应是："心已经死了，冷了，没机会了，宁可错到底，都不想再回头了，这日子实在太难熬了。"

## 一、走出沟通困境

夫妻之间到底发生了什么，沟通如此失败，走到这样的困境？怎么会把情感银行里存的温馨感情慢慢消耗为零，甚至是负数呢？彼此做了什么，甩出了哪些"撒手锏"，最后要用这样的方式告别？

总结对照一下这几种常见沟通误区，你最常用哪一个错误伤人？

**你会不会抱怨？** 抱怨对方回来太晚，抱怨他忽略了你的生日，抱怨他没给你买想要的东西，抱怨对你父母照顾太少了，等等。只要有沟通就不停地抱怨？

当两个人坐下来沟通时，你又改用**说教式**，讲对方错在哪里，应该怎么样，说教的过程，就像审判。

**你是不是经常批评对方？** 从早晨睁眼开始，你看到的，就是不满意的地方，不停地指责。袜子穿错了，鞋子又没擦灰，今天衣服太艳了，你要出去招惹谁呢……你眼中看到的都是对方的缺点，说出来的都是想改正的部分，你在用批评沟通，批评了、说教了，也抱怨了，有效果吗？没效果，你又说："算了，说也没用，干脆不说了，随便怎么样了。"

你开始用另外一把"撒手锏"了——**冷漠**，就是不回应，视对方不存在。对方回家你连眼皮也不抬，跟你说话时，你也不抬眼睛看他，完全不牵动面部神经，最多在嗓子眼里"哼"上一声，让对方觉得无趣，慢慢地，越来越不愿靠近你，也用冷漠回应你。

你习惯了**否定**，只想把对方打造成你心目中理想的形象，总是发现让你不如意的地方，你要么不说话，要么说话总是找对方哪里做得不好、哪里做得不对，对方越让你失望，你就越想把他塑造成另一个形象。你的常用语是："你不能不这样吗？你不能换个方式吗？"你用"不"开头，暗含着对他的不满，希望他是另外一个样子。你甚至以为自己挺隐蔽，但对方也在你的语气中，就在那个"不"的字眼里，甚至在那个"应该"的字眼里，在你不耐烦的腔调里，已经感受到被否定、被评判，已经感觉不舒服了。

你在沟通中经常**比较和计较**吗？我为你做了什么，你应该还给我什么，是不是应该给我更多。你不停地在细节上、琐事上喋喋不休，斤斤计较。不断挑对方的毛病，甚至挑剔时用**嘲笑的语气**，"你要是能够做到某某的所做所为，那太阳从西边出来了，我才不相信这种神话"；"你看人家某某，比你能干多了，你怎么能不被刺激呢？"在你的**嘲笑、批评、否定、说教、指责**等种种沟通模式背后，是你"傲慢"的身份在作怪：我永远都是对的，错的都是你，我比你"高"，所以我有资格挑剔你、否定你、改变你，把你变成另外一个样子。

如此沟通，效果如何呢？越是如此，对方就越对抗，越不断重复你不喜欢的部分，他的对抗反而使你的不良情绪升级。慢慢地，相爱的两个人，就变成两个互相挑剔对方的刺猬，互相用针扎对方心里最痛的地方,扎得很准,针针见血。对方害怕你的否定,你就一定会说:"你这个人真窝囊,真笨。"对方害怕你不接受,你就一定会说:"我怎么没见过天下还有这么厚脸皮的人。"每次抛出去的利箭都扎到对方心里,心就被划了一道又一道,直到有一天再也无法容忍,连最后的期待都没有时,就是逃离的时候,用逃离躲开利箭,更是一种无奈的自我保护。

如何在双方渐行渐远时自我反思:彼此在情感银行里撒下了怎样的种子?这些种子与爱无关,与感恩无关,跟傲慢有关,**跟改变对方的重**要的动力有关。结婚似乎赋予了自己一个特权,就是看不惯对方的毛病,就要把他改造成另外一个样子,重任在身,必须完成,改变的方式就是用这些"撒手锏"。当然,行使这种特权的过程,就是累积伤害、把对方逼到没有回头路的过程,这些方式与爱无关,只是自己的习气和无知使然。

我曾经接过一个女性案主的案例。夫妻二人是大学同学,一起创业,买房装修,孕育孩子。开始的过程挺难,两个人原生家庭都不富裕,二人很不容易地生活在一起。有孩子后,太太做了牺牲,不出去工作,在家全职带孩子。全职在家的太太,每天都很烦,期望先生回来能帮帮她,可先生说在外边工作很累,回家想放松一下,不要给他提太多要求。太太觉得先生没有给自己所期望的,就开始唠叨、抱怨。直到有一天先生告诉她:"不好意思,我在外边有了一个更喜欢我的女孩,我准备跟她走了。"这位太太勃然大怒,反应非常激烈,她迅速地进到微信朋友圈,散播了先生有外遇的信息,同时迅速跟先生所有熟悉的朋友打听那个女人是谁?发生了什么?她用这一步,把先生所有的内疚、留恋全部消耗掉,先生毅然决然:"一定要离开了,你把我的后路都断了,我连回来的机会都没有了,不管前面是荆棘还是坎坷,我都豁出去了,我一定要让自己找一个能够欣赏我,能够接受我,能够允许我有一大堆毛病的一个人，我要跟她在一起。"

太太了解到那个女孩的情况后更加受伤。女孩没什么学历，长得也一般，完全不如自己漂亮，家境也不好，什么都不好。太太对丈夫说："你要找一个比我好的，我也认了，怎么你心甘情愿找个比我差那么多的人。"先生说："我只想找一个接受我的人，不想找一个天天改造我否定我的人，你再好，跟我无关，她再差，只要愿意接受我，给我机会，允许我有缺点，我都愿意。"她想用孩子留下先生，可先生说："我在你面前一点尊严都没有，你会当着孩子的面用这些箭，面对着老人用这些箭，当着我的朋友的面用这些箭，我在你面前连个小孩子都不如，你践踏我就像践踏你脚下的尘土一样。我不要这样的生活了，我想要一点点尊严，活我自己的人生。"

太太到这时才开始反思自己，开始回顾自己过去的一幕一幕。她去跟先生道歉，请求给些时间，让自己改变。先生没再给时间，两人还是痛着分开了。她一个人带着孩子，过着比较艰难的生活。事情的结局令人唏嘘，感叹。社会评价说先生是陈世美，负心郎，都是外遇惹的祸。但如果把社会评价放下，看到夫妻间情感银行的储备不断贬值，种下了分离的种子、否定的种子，没有和谐，没有包容，是不断偏离方向的无效沟通伤害了彼此。

夫妻之间只有爱的意愿是不够的，需要有效的沟通能力让爱的种子苗壮成长。我在本书第五章中分享过，有一种类型的男人叫"沉默男"。视频课后有位男士说："我不是天生就沉默，我实在是被她逼得没办法了，无话可说才变沉默的。"他急切地渴望了解夫妻之间如何才能有效沟通。

无效的沟通会造成彼此分离，有效的沟通则是通过沟通让二人的关系越来越和谐，越来越亲密。沟通有无效果，是由对方的反馈来决定，不能由自己决定。怎样做可以放下傲慢，放下改变对方的愿望，在双方的关系中实现平等、尊重和接受？一定要学习关于有效沟通的技巧。

**沟通包括哪些要素**？你第一反应就是"说什么"。"我要跟他谈，第一点谈什么，第二点谈什么，第三点谈什么，要是他认可了，我就这样谈，要是他不认可，我就那样谈。"事实是，"谈什么"对沟通的影响很小，"怎么谈"才最具决定性，甚至在没有谈什么时，彼此伤害或相爱的结果已经出现了。

## 二、有效沟通技巧

找一个搭档，进行三轮练习，两人中一个是 A(女)，一个是 B(男)。

第一轮，A 对 B 说话，随便说什么都好，说上几句。B 不需要言语的回应，只需把头低下，或看别的地方，或不停摇头，只要做这些就可以。

再进行第二轮，A 还是说刚刚那段话，这回 B 给回应，用前面提到的嘲讽、抱怨、说教，什么都可以，也可以说我从来不喜欢你，可以训斥对方。A 体验此时的感觉。

第三轮，A 还是说刚刚那些话。B 只要点头并保持微笑，手可以向上打开，做"接受"的动作，A 体验此时的感觉。三轮都做完，请 A 分享三轮的感觉。

第一轮：

A："上课又不告诉我时间，我以为你不上课，每次都是这样，什么时候才能够知道给别人说一声，知道别人的感受吗？如果你以后不想告诉我，干脆什么事都不要说了。"

B：目光不看对方，不停摇头，抬头看其他地方。

第二轮：

A："你怎么晚上上课又没告诉我？每次都是这样不告诉我时间。"

B："你又在抱怨，我工作平常也很忙的。"

A："你又是这样子，你要告诉我，你不告诉我，我怎么知道你要不要上课，要不要等你给你做饭。"

B："那你看不出来我很忙吗？我很累了。"

A："你要告诉我啊！"

B："我现在很想休息。"

A："有点最起码的礼貌好不好。"

B："我想休息一下。"

A："请你不要再跟我这样说话了，不要过了。"

B："你真的想好了吗？不过就不过，谁怕谁？我就知道你早就变心了，什么时候去办手续？我就不信，离了你地球还不转了呀！"

A："现在就去！给我走！"

第三轮：

A："怎么晚上上课又不告诉我，我怎么知道要不要等你，你光点头有什么用，你得说你晚上有没有上课？祖宗，我在问你话呢？"

  *B：一直在点头，微笑。*

### 分享感受：

  A："第一轮，像对牛弹琴，我感觉很愤怒。第二轮感觉我好想"杀"了他。第三轮感觉好像没有太多反抗了，我可以理解接纳他了，有点无奈地接受了。"

  B："前两轮的感觉很类似，是一个怨妇在抱怨。我想反抗，也想攻击。同时也很希望对方能站在我的角度替我考虑一下，而不是自私地只考虑自己，宣泄自己的情绪。第三轮我能看到她了，并且试着去理解她。只是听她阐述事实，试着接受了这个事实，并没有刻意去计较这个事或者评判她，心情比较平静。"

  **面部表情**：点头的威力非常大，假如不说话，但面部表情狰狞，也会激起对方的愤怒。频频点头和面带笑容，好像让整个磁场都变化了。点头竟然就会让对方平静下来，笑会让对方无奈地接受。沟通时，彼此的表情、手势，如此微妙而神奇地影响了彼此！好奇妙！原来，什么话都不说，同样也在沟通，身体和面部表情可以瞬间改变彼此的关系，因为这决定着 55% 的沟通效果。

  **声调**：高低不同的声调、语气，也会影响双方的沟通。高、急、快的声调很容易激惹对方，低、慢、柔的声调则会缓和气氛，化解冲突。这就不是"说什么"，而是"怎么说"的问题了。用不同的语气、声调说同一句话，都会取得完全不同的效果，声调在沟通中占 38% 的作用，却往往被人忽视，完全没有主动觉察和运用。

因此，以往你与爱人的互动中，也许就是某种声音，或者某种身体语言，才是让对方不愿意与你沟通的罪魁祸首，而不是你说的那些话语本身。这个发现，对你觉察自己与爱人的沟通模式，有怎样的启发和帮助呢？互动中你自己属于哪一种沟通状态？

你与人沟通时，眼睛根本不看对方，只是不停摇头，待在自己的世界里面，是这样吗？或者只要跟你沟通，你马上把所有枪和箭全拔出来，跟对方杀个你死我活。或者你愿意做些改变，哪怕无话可说，也愿意给个眼神，露个笑容，配合对方的表情？

是的，你开始有了自我检视的力量和勇气，恭喜你！觉察是改变的开始，让我们继续下去。到底怎样才是更有效的沟通？

## 三、体验玫瑰花语

我邀请你再找一个人跟你做搭档一起做练习。一个人是 A，一个人做 B。B 手里拿着一枝玫瑰花。

第一，请一定要看着对方的眼睛说话，这是最重要的规则。

第二，不可以用那些"撒手锏"，只可以跟对方讲你的感受、期待，用"我看到什么，我听到什么"表达。比方说"我看到你穿一件军绿色的西装，我听到你说话的时候有一点点犹豫"等。你可以描述在现场看到听到的，就像一台录像机一样，客观地把你看到听到的说出来。你也可以跟对方陈述，我现在内心的感觉是怎样的，比方我有点紧张，我有点愤怒，我有点犹豫。你可以表达"我"的感受，不把注意力放在对方身上，而要放在"我"身上。

第三，我想要什么。我想让你送给我一枝花。我很期待今天下课时就有一枝花出现在我面前……只描述自己，不拿枪对着别人。我建议每个星期家里都能买上一枝花，每个人拿到这枝花就讲自己，只提"我"，只讲"我"，你讲完了，对方拿着这枝花，也讲这些，第一轮之后，就可以跟着感觉继续进行。

注意：要拿到这枝花后才可以讲话，自己说完就要给对方机会，不能占着这枝花不松手，两人轮换着拿这枝花，彼此跟进回应，建立一种有效的沟通方式，起码两人可以越聊越亲密，越聊越自在，越聊越有感觉。

1、我看到_____，我听到_____

2、我内心感觉到_____

3、我想到_____，我期望_____

4、我建议_____

## 玫瑰花语沟通示例（课程现场练习实录）

A："我感觉你今天看起来没有那么累，要不我们出去玩吧。"

B："我看到你今天心情好像也很好，不知道你今天遇到什么事情，可以跟我分享一下吗？"

A："我今天听吴老师的课，我觉得很开心。我觉得以前自己就是一个不懂事的小孩，不会考虑别人的感受，也不知道自己真正的需求。我现在知道怎么面对自己了，所以很开心，我看到你也很开心。"

B："我看到你满脸笑容，但我不知道吴老师在课上都给你讲了什么，你学到了什么？我也希望能从你这里获得一些成长和改变，能把你学到的东西和我分享一下吗？因为我希望借着你的改变，我自己也能有一点触发。你和我过去认识的你不大一样了，忽然觉得有点不认识你了。"

A："是啊！我觉得吴老师教给了我们怎么接受自己，以前我接受不了自己，就天天拧巴自己，又拧巴别人。接受自己，我就不拧巴自己了，看到别人也觉得挺好的。过去，我觉得有很多不好，我总觉得你把我给耽误了，现在我觉得我把你也耽误不少了。对不起，请原谅我。"

B："过去，每次你回家，总是带着工作，带着疲惫，甚至带着工作中产生的负能量。而今天你带回来这么大的改变，让我有些意外，我们可以试着重新开始，学习怎样交流沟通。在这个过程中，我希望我们能观察到自己，观察自己在沟通情境下的那种情绪，然后试着去表达自己，而不是只想着自己要表达，不顾对方的感受。听完老师的课后，你觉得你可以看见你与我说话时我的表情、动作，以及我希望你说的，而不是你自己只想表达的，你觉得你可以做到吗？"

A："我不太确定我能做得很好。别人说我笑的时候像朵花，不笑的时候像魔鬼，我跟别人说话时，需要先检讨自己，我觉得应该会慢慢好起来。希望你能提醒我，不要像以前一样，你看到我那样，你就更来劲了，然后我就又恢复了原来的状态。我希望你能提醒我，陪伴我，我会努力做得更好。"

B："好的，我接受，而且如果你还有以前那些症状的话，我会提醒你，也希望你在那个情境下能接受我的提醒，并且平静地接受自己。这样，我也不会再选择沉默，不再逃避。我也希望能面对我们当下遇见的问题，然后把这些问题和平地、平静地、正确地、准确地解决掉。"

A："天呐，我是被天上掉下的馅饼砸到了，我不敢相信我老公能说出这样的话。天呐，太神奇了，我觉得吴老师的婚姻课就是一堂魔法课，我要好好学习，好好改变，改变的魔力太大了。"

**老师点评解析：**"是的，原来改变可以很快乐，不一定是痛苦的！现在请给彼此感情的满意度评分，1分到10分，10分最高，你们在一起的满意度是几分？

A："现在我已经达到目的了，达到了我理想的状态。满分！"

B："最初3分左右。现在七八分。"

**老师点评解析：**"分数增长这么多，假如给你们机会，你们愿意继续沟通，在未来拥有更多连接吗？"

B："我相信她通过老师的启发能去改变自己，能够说到和做到，我希望她能及时觉察自己，并且能够认真接受我提出的东西，试着去改变。如果她改变了，我就会更加爱她疼她，并且创造更美好的生活。如果还是陷入以前那种抱怨的状态，只顾她自己而不考虑我，我就会保留那二三分，只给她七八分。"

**老师点评解析：**"听起来你有点高高在上，像老干部一样审判她，似乎你认为，你们两个的沟通现状都是她一个人导致的，跟你没关系，是吗？我注意到你不断地说她应该怎样？你好似在审判她、审视她，你很少讲，我感觉我怎么样。你有发现自己这个模式吗？你有点像受害者在投诉。"

B："老师提醒之后我发现了，我就是不会说我想要的，而是指责她把我造成什么样子。"

**老师点评解析：**"你能看得到原来的模式，但也需要别人提醒。现在把花接过来，重新学习，从"我"开始跟对方再做一次沟通，好不好？”

B对A："老师刚刚的提醒，我非常坦然地接受，因为我从老师的提醒中，看到了自己的不足，我只要求你、希望你怎么样，却没意识到当我想要什么时，应该先去付出什么。我以后会直接告诉你，我希望一个什么样的你，你如果不能做到，我们可以协商，看看能不能去共同建立'我们'。"

**老师点评解析：**"现在就告诉她，你希望她怎样？"

B："我希望你每天回来时，不要把工作带到家里来，我不去评判你的工作，但是我更希望我们能够拥有自己的空间，在这个空间里，只有我们，没有工作，没有公司其他人存在，我希望家里能有我们的温馨。每天你带着笑容回来，我也能去听你在公司里以及跟朋友发生的一切，我们共同分享你的烦恼和快乐，这样的话我才能看到一个更真实的你，一个更全面的你。同时我也会把我生活中的点点滴滴和你分享，也希望你能够接受，如果发生抱怨、指责、评判、说教等，希望我们两个都能相互觉察，并且我们能相互提醒对方，这样我们才能共同成长。"

**老师点评解析：**"说完之后感觉怎么样？"

B："说完感觉更轻松，没有那种居高临下的感觉了。"

A："我感觉压力小了很多，也自信了很多。对自己的疑虑小了一点。现在对他的满意度超过十分了。"

**老师点评解析：**"好，看来两人可以建立很好的沟通模式了，谢谢两位。下面我们来分享刚刚两人做练习时，关于沟通你学到了什么？"

学员一："刚开始时，他们两人的坐姿，男士像领导，样子很有权威，但我感觉在女士面前并没有威信。女士很快进入状态，但男士好像还不是全然的接受。我学到了语音语调对沟通效果的影响，太高的语调，就是一种噪音。另外，说话时要注意自己的表情，面带微笑的威力最大。还有就是要学会止语，少说为妙，说多错多。再有就是，男人的思维方式跟女人的不一样。"

老师："所以不要把沟通看得太随意，随意扔出破坏的种子，结果还是要自己承受。恭喜你，终于看到男人和女人不一样了。"

学员一："嗯，大家都活在自己的思维局限里，有时候生活十几年的夫妻，可能真的没好好看过对方。其实地狱到天堂，说近也近，说远也很远，就在一念之间，也许就在看到对方的一瞬间。"

老师："你看到他了，彼此的生活就如在天堂，看不到，家就是地狱了。"

学员二："我挺有感触，因为他们跟我之前的状态很相似，跟吴老师学习之后，虽然改变的过程挺痛苦的，但我知道有效的沟通方式是什么。我记得沟通有八大要诀，假如沟通无效，就要换另一种方法。学习如何沟通之后给我的生活带来了很多变化。"

"我现在喜欢这样做，如果对方没反应或没效果时，就换一种方法，但开始的时候真的痛苦，因为要看到自我，然后放下自我。刚开始是为了婚姻或为了孩子要放下自己，但这不是真正的放下，坚持着去改变，慢慢会发现真的开始放下自己时，就会觉得这个方式很有效果。"

"过了很久再往回看原来张牙舞爪的自己，摆脱自己原有的状态，就是真的放下了自己。然后两人会很好地沟通，有意无意地在开车时、出去玩时相谈甚欢，之前从来不会有这样的情况。以前我就是个喜欢抱怨的女生。"

老师："越抱怨越会推开对方，对他越来越暴躁。"

学员二："对，我不抱怨了，爱人反而会来跟我讲，他在什么状态有什么事，当然我也是。以前他不会主动的，现在我会觉察到自己尖锐的语调，会平和地跟他讲，开个玩笑或是表达我的关心，不再跟他对着干了。"

老师："过去只有一种方式，现在多了沟通的方法和各种可能性。"

学员二："是的，我最近觉察，在夫妻关系里，当手指不再对着对方，而是对着自己时，好东西就会出现。"

老师："原来真正的改变在这里！这个练习最奇妙的是，总是以'我'开头。过去一开口：'你怎么又回家这么晚，你到底发生什么了？你到底要不要跟我说？'总是拿着枪在指别人。可是这个练习做到要用'我'开头，我真正愿意跟你分享的是什么？有哪些共享的东西，有哪些可以表达的，有哪些可以感受的，哪些可以建议的。所有都从'我'出发，把指向对方的手收回来，就多了一种可能性，比原来的表达更有效果。"

学员三："第一，我学到把那些'撒手锏'放下，在开始说'我'时，对立的关系就开始改变，双方就到了同一立场；第二，有时候对方可能在情绪里不自知，我可以帮他反馈我感觉到的，可能对他也是一个提醒。"

老师："是的，我听到你的声调，看到你的表情，帮对方像照镜子一样，直接反映自己听到、看到、感受到的。"

学员三："我学到的第三点是，在双方沟通时，一定要很明确地说'我想要什么，我期待什么。'你不表达，对方不知道你要什么，他以为的，不一定真的是你要的，他猜不到，你要直接告诉他。"

老师点评解析："很棒的分享。过去沟通中无效的方式已无数次用过，每次两人都以愤怒收场。'不行就分开，有啥了不起的'。说出去的话泼出去的水，收回来就不容易了。现在学到新的可能性，只要你愿意这样做，一定有新体验，有神奇的效果，让你看到和感受到。"

## 四、再解玫瑰花语

为什么是玫瑰花？玫瑰代表爱情和浪漫。相互不再扔伤人的箭，送人玫瑰心有余香。与爱人的每一次沟通，如何变成相互赠送爱的种子？播种爱的种子？这个沟通练习非常简单有效。它让我们学习从我出发，跟对方分享，我看到什么？我听到什么？当我说我看到、我听到，我就在当下，不是翻老账，"你又迟到了，你又回来晚了"，那只会停在过去，否定对方，产生对抗。

玫瑰花语，帮我们时刻把注意力放在当下："我看到你刚刚进家，扔下皮包一脸疲惫。"这就是我和你在当下谈这个事情，跟过去无关。我不光看到听到，我还把我的心思告诉你。什么叫爱人？相爱的人能够彼此谈感觉。假如两个人把心门关上，就会只谈老张老李怎么样。老张老李跟你有什么关系？连自己的事情还没搞定，天天讲别人的故事，只是为了找点话说，不谈感觉的时候就把心门关上了，焦虑焦急等情绪自然在无意识中通过声调传达出来，"母老虎又要咆哮"，成为两人冲突的起因。

如果直接说："你回来这么晚，我又担心又生气又心疼，同时心里还有点疑虑。"当你把真实感觉掏出来给对方看时，当能够描述感觉时，就不需要提高声调了。当你用很平静的声调讲自己的感觉时，声调自然降下来，带给对方平静和接纳的感觉，这又怎么会引起战争？

刚刚开始练习时，人们不太会讲自己的感觉。这就像很多中国男人，长时间屏蔽感觉，不谈感觉，只谈是非，只谈道理，只谈那些自己认为有用的东西。不谈心思，两人的心就越离越远。所以要尝试，多跟自己的感觉在一起。既然那么想跟对方分享你的生命，那就告诉对方，你最想要什么？期待怎么样？也可以为未来提点建议，这些都是说"我"，而不是指责你。

这枝花很重要，它是一个道具，在你们中间，能让火气降下来，像个灭火器。因为你必须拿着它才能讲话，讲完了要把花送过去。这个过程中，你的情绪已经缓解，流动着处理了。谁都没有特权，不能说起来没完，一直否定对方。必须给对方机会，以证明彼此在沟通中是平等的，每个人都尊重对方有说话的权利，把花给对方，遵守游戏规则，拿着花时就得讲话，并且需要注意表情管理。

这个小练习真的可以打破过去的沟通模式，建立新的有效的沟通。我谈我的建议，只谈"我"，只有资格谈"我"，两人才有继续沟通下去的可能。上面示例中的 A 女士惊叹"奇迹出现了，我先生竟然可以这样说话！"我负责任地说，B 先生代表的是她的先生，同时也是他自己的投射，他在沟通时，也像在跟自己爱人沟通一样，所以两人都很真实地表达自己。很多夫妻的状态很相近，只要愿意在当下，跟自己连接，愿意打开心扉去跟对方去沟通，你会发现，对方给你的回应将大大超出你的预期。

奇迹是你创造出来的，因为你主动改变了沟通方法，学习到新的沟通技巧：身体语言加声调的配合，再加上文字的表达，就可以创造亲近的夫妻关系。这个简单的技巧，建议在家中跟爱人分享，万一将来出现冲突，就用这个解危的处理机制——一枝玫瑰花带来的玫瑰花语，感受幸福和甜蜜。

两人最好在关系和谐时约好，一旦吵架又没有第三者来救场时，就用"玫瑰花语"的方式沟通。两人坐到桌前拿起玫瑰花，遵守规则，我说我，你说你，说完了要把花给我，我说完了要把花给你，两人一定要公平。当真正按照规则完成沟通，你会发现战火瞬间转化成爱的契机。好好跟爱人一起玩这个游戏，假如现在对方懒得跟你玩，那就继续改变自己，改到对方愿意跟你玩了，你们的感情一定会越来越好。

### 沟通再体验：给予肯定

分享一个更深入的沟通练习。前面的练习只跟对方谈"我"，接下来做的练习，一定是对方所需要的，他会越来越渴望跟你沟通，因为每次跟你沟通之后，他都增加了自信和力量。自信不是天生的，而是后天培养的，每个人在成长中都没有建立足够的自信，需要靠身边在乎的人给予肯定来培养自信。每一次肯定都增加一份自信，每个人都渴望得到自己在乎的人给自己的肯定。常常有人投诉"别人都觉得我挺好的，只有另一半看不上我""我爱整个世界都很容易，只有爱这个人很难，所有人都觉得我很好，只有她天天挑我毛病"。每个人都害怕被否定，都渴望建立自信，通过沟通增强爱人的自信，从"给予肯定"的练习开始吧。

肯定对方有四个方法：

第一，重复对方说话中的重要字句；

第二，肯定对方的动机；

第三，肯定对方的情绪；

第四，肯定任何可以被肯定的部分。

你现在来一起体验这个练习。

## "给予肯定"沟通示例（课程现场练习实录）

现场请某个学员扮演某个人，老师快速给予肯定，学员体验这一过程中的感受。

女学员："我现在未婚，听了这个课感觉受益良多，同时也看到自己的一些局限，曾经一些模式无意中伤害到对方。我一方面反思过去，另一方面反思现在的自己，所以我很想通过这个练习有更多成长，以我本人的身份继续练习。"

老师："我听到你说，在回顾这个课程时，你受益颇多，对你有很多帮助和启发，你希望继续做这个练习，有更多的成长。我感觉你很迫切地想成长和改变。你也很渴望早日进入婚姻，是吧？"

学员："是的。"

老师："我看到你这两天在学习时很投入，认真做每个练习，也看到你整个人的表情都不一样了，笑容开始多起来了，越来越开心了。"

学员："对，我非常愿意抓住更多机会练习、实践和体验。"

老师："你很积极地储备，主动改变自己，让自己成长。当我跟你这样对话之后，你现在感觉更加好了，是不是？"

学员："是，非常好。"

老师："假如自信程度从 1 分到 10 分，现在你的自信是几分？"

学员："八九分吧。"

老师："不断地去练习，你会越来越自信。现在分享一下，跟我聊这段话，你的感觉怎么样？"

学员："感觉轻松舒服，好像空间很大，然后越聊越舒展。"

老师："我看到你的腰板越来越直，比刚刚挺拔了很多，这是无意识的动作，可我解读你的动作时，看到你的自信很快速地增加。练习的力量多大啊！是不是？"

学员："是的。"

老师："大家有发现吗？我跟她沟通一点障碍都没有，我说什么她都说是的，假如一个人跟对方说话，那人像自己肚子里的虫子一样，什么都能猜得准，自己既开心又得意，恨不得过来抱我一下是吗？"

学员："是的。"（笑）

老师："假如夫妻二人这样沟通，你懂对方就像懂自己一样，对方会觉得天下最能懂我的就是你，恨不得永远跟你在一起不分开。这就是这个练习的魔力。我跟她沟通，并没有多说其他东西，只是回顾了对方的话，重点重复了某些字。我用心体会她，我把体会到的说出来，求证一下，她就说'是的'，所有都是'是的'，我们的关系就越来越亲密。我让对面这个人感觉比原来更自信，她越来越愿意跟我交流和沟通，她不会闭嘴，也不会逃掉，这就是我们前面分享的一个目标：你不是找一个完美的人，而是帮助对方完美。我已经让你提升了自信，是不是？谢谢你跟我做这个练习，我很开心。"

学员："谢谢老师，我也很开心！"


一个关于沟通的简单练习，不光可以满足我，还可以满足对方，满足我们，也创造了更多的"我们"。这样的夫妻关系怎么可能被别人拆散，第三者插足呢？

你可以找个时间好好练习"给予肯定"的沟通。这个练习难度比"玫瑰花语"要高一些，它考验我们多角度看问题的能力，以及自我肯定的能力。做过练习的朋友分享说："过去我都是否定别人，因为我只会否定。现在当我可以肯定自己时，发现自己没那么糟，别人也没那么差，给自己肯定，同时也肯定别人的感觉真好！"大家需要不断练习，也可以阅读《唤醒半睡的自己》，其中有非常详细的技巧介绍，你一定会创造二人世界里更幸福、更有质量的沟通。

## 五、冥想——美好时刻

用你熟悉的方法，让自己快速放松下来，把注意力放在自己心中，在心里看到属于你和爱人的那枝玫瑰花，它是什么颜色的？有人喜欢金色的，有人喜欢玫瑰红色的，有人喜欢黄色的，有人喜欢特殊的蓝色妖姬。每个人都有自己喜欢的玫瑰花，当你想到最喜欢的玫瑰花，也许你同时回想起，曾经你的恋人或爱人，送给你的那朵花，那一束花或那一大捧花。你被快速带入难忘的场景中，你会记起那是一个怎样的时间，你会记起那是怎样一个特殊的日子。当你的爱人把那一束那一枝玫瑰花送到你面前的时候，你感受到的是脸红还是心跳，或者好像是一个大大的拥抱。原来在你和他之间有过很多美好的、浪漫的瞬间，它们从来没有消失过，一直都在你内心深处被你忽略了、被你淡忘了。

现在通过这枝玫瑰花，你又想起来了，你想起来的不仅仅是那束玫瑰花，还有你和他美好浪漫的回忆，这份回忆此刻就在你全身每个部分发酵着、流动着。那就好好地再享受一次，好好地体会这种美妙的浪漫的被爱的感觉，好像回到久违的青春，好像在荒芜的沙漠中看到了一棵绿色的树，充满生机。看到它，看到属于你们的共同的记忆，让自己整个生命重新经历和体验那个记忆，同时感受到内心那份饱满，那份被充满了丰盈的激动的时刻。就是这枝玫瑰花，不光勾起了那一次回忆，转眼间你心里一个又一个回忆都被勾起来，都被激发出来。最浪漫的地点、最温馨的时刻、最美好的瞬间，都在啊！当你看到的时候，你又一次在你的心灵世界里撒下了无数期待的、渴望的种子，它们进去了，它们酝酿着，直到时间恰当的时候，会生根发芽开花结果。

所以再沉醉一会儿，允许那些美妙的瞬间再飞一会儿，再跟你的身体连接一会儿，直到你觉得足够，就在心里，看着制造浪漫的那个人，表达你所有的感恩，所有的感谢，说只有你们两个人听得懂的悄悄话，不要让别人偷听。重温美妙的瞬间，去把你所有的感动感恩，你的那份激动，用你的方式告诉他，让他懂你，让他知道你，让他知道你又一次重温你们之间的美好。清点你们之间丰富的资源和丰富的爱，在心里完成这次回顾，直到你觉得有足够信念才让自己慢慢地把这一切记在内心最深处，才让自己慢慢地回到这个房间里来，让自己在醒来之后，做任何想为对方做的事情，只是因为你想做，并不期待对方一定给你怎样的回应。当你真的控制不住想去做时就去做，同时放下你所有的期待，也许对方会被你吓着，也许对方会不相信，但他期待你种下更多的种子，会有更多的感恩的回应。做你能做的，你不需要对方回报的时候，说明你已经在无条件的爱和无条件的富足状态。这个时候的你，足够照顾自己，你真的不需要不停地去索取，不停地受伤，不停地伤害对方，你只需要让这枝玫瑰花重新开放在心里。

欢迎大家慢慢回来，都不舍得回来，是吗？原来有那么多美好可以回忆，你随时都可以进入这些回忆的。

## 互动分享

每天给你的伴侣找出 5 个以上的优点，写下来，然后用你的方式告诉他，你当然可以看着他的眼睛告诉他，也可以发条微信，发条语音，还可以给他制作一个更浪漫的惊喜。做你可以做的，无论对方怎样回应，你要坚持至少做 21 天，因为 21 天是一个新习惯养成的最短周期，当你习惯发现爱人的优点之后，你就不需要把它当成作业，而是变成你和爱人互动的一个新模式。当你可以不停地给爱人足够的肯定时，他会给你怎样的回馈？我跟你一样很期待。

# 第九章　对你的配偶说"是"

## 婚姻之问

为什么结婚之后他变得如此可怕？

我怎么才能让自己"视力变模糊"，看不到对方的毛病和缺点？

为什么都说要改变，最后改变的却总是我？

当你准备与爱人长相厮守时，需要学习对伴侣、配偶说"是"，全然接受对方，这是婚姻对你最大的挑战。

前一章分享了夫妻间新的沟通技巧，你练习之后有什么感觉？是的，挺难的，练起来真不容易，改变真难。那你想过没有，你自己主动想改变还这么难，你去改变爱人、恋人，想把对方变成你所期望的样子，会不会更难？

你会说，就是因为自己改得难，才想去改变别人，因为这样自己会更舒服。这可是最不讲理的强盗逻辑！假如在婚姻中，不把注意力放在怎样创造"我们"，而是想把对方改成我要的样子，注定会失败，会很痛苦，这个痛苦最终也将由自己体验和承担。

很多女人会把小姐妹的各种"驭夫必杀技"，以及父母传授的"管理夫君诀窍"视为婚姻宝典，各种各样改变对方的计策轮番上演，直到改得双方筋疲力尽，痛苦不堪，最终渐行渐远，忘记了自己最初走向婚姻的真心。

学习有效的沟通技巧，切记目的不是改变对方，而是跟对方创造一种和谐关系，享受亲密、融洽的幸福感觉。

## 一、生命生存模式

婚姻不是为了改变对方，一个人无法改变另一个人，每个人都只能改变自己，或者做些事情让对方愿意改变。当对生命成长的过程多些了解，你会明白改变一定是从自己开始。

回顾每个生命，从来到世界开始，生存模式形成的几个关键时间点主要是在童年期（心理学概念中的童年期起点为受精卵的诞生）。

第一个关键点：从卵子受精那一刻开始，父母在怎样的状态下相合？两人如果非常愉快地在一起享受幸福，同时期待孕育自己的孩子，那么这颗生命的种子在最初种下的刹那，就是被欢迎的。受欢迎的孩子一定拥有足够的自信、足够的亲密感。假如父母在欢娱的那一刻，内在的心情却是："唉！千万不要怀孕，我们什么都没有，还没准备好。"那一刻种下的最初的种子，是不被欢迎甚至是被否定的、匮乏的，这个状态传达的信息会影响这个生命的未来和自我认定，也许一生都在一个拧巴的、挣扎的、纠结的状态中，感受不被欢迎，觉得没有资格活着。

第二个关键点：种子种下了，不管是否被欢迎，在妈妈肚子里孕育的十个月里，妈妈是否爱和盼望这个孩子，也会影响孩子的生命状态。有位朋友曾告诉我，她怀孕六个月自己都不知道，发现不对劲，去检查，发现已经怀孕六个月了。孩子在妈妈肚子里的六个月，妈妈却在无视、忽略他。也有些父母不希望在这时怀孕，可孩子很"顽强"地一定要来，妈妈纠结是否要这孩子，周围亲人对孩子有各种评判，如太早了，或者千万不要是女孩，最好是双胞胎，等等。不要以为周围人的评论无关痛痒，妈妈肚里的孩子会接收到这些能量，最早的烙印已刻在种子里：我是重要的吗？我是被认可的吗？我是被接受的吗？我是被允许的吗？我有资格活下来吗？我有资格活得更好吗？

在孕期内，很多妈妈准备好要宝宝时会很注意胎教，选择好听的音乐，保持好的心情，看漂亮娃娃的照片，等等，另外一些妈妈则会忽略或抗拒孩子的到来。恰恰是这些心理因素对孩子影响最深：妈妈跟孩子的连接程度是怎样的？妈妈是否喜欢这个孩子？妈妈是否愿意接受这个孩子的所有状态？妈妈是否有很多担心、很多焦虑？孩子通过连接的脐带都会感觉到。医学研究发现，妈妈怀孕时若处于抑郁状态，孩子长大后患癌症的比例，会高于无抑郁倾向的妈妈生育的孩子。即妈妈怀孕时的精神状态对孩子的生命质量有着非常深刻的影响。

第三个关键点：十月怀胎，一朝分娩，孩子通过怎样的方式来到世界？是按预产期自然生产，还是早产？或是过了预产期，只能剖腹产？还是难产？从出生的状态可见孩子未来的人生模式：早产儿成人后，会在重大事情上着急焦虑，跟出生的着急模式很相似；过了预产期还无法自然生产的剖腹产、难产的孩子，在未来的重大事件里也比较拖延，需要别人推一把，别人帮忙才去面对。这些都在出生状态跟未来生命模式的相关研究中可见一斑。

第四个关键点:出生之后 6 小时内发生了什么? 这个世界欢迎他吗? 呱呱坠地的时候,医生、爸爸妈妈、爷爷奶奶和来探望的亲友说了些什么话? 这些都会影响来到这个世界的生命的自信和安全感。也许你会奇怪,是什么因素、怎么影响的呢?

我曾经做过一个个案,案主是一位摔跤运动员。他在平时的比赛中成绩都很好,但每到重要的比赛就掉链子,做了很多努力都无效,最后被建议接受心理辅导。我用催眠的方法帮他发现,影响他的可能是出生之后他听到的一句对他很重要的评价。那是怎样一句话呢? 他是妈妈生的第一胎,有点辛苦,好不容易生下来了,妈妈问医生是男孩女孩? 医生说是男孩,妈妈又问:"孩子怎么样啊?"医生说:"头一胎总是有点麻烦的。"这个刚刚来到世界的婴孩,所有感官都打开着,医生的这句话好像是一个无比强大的能量种子,直接种到他心里,"有点麻烦"的信念似乎变成了他生命的一种限制和约束。在长大过程中,这股"很大的力量"总是在关键时候就让他遇到麻烦。我在催眠状态下帮他"改变"了医生的指令,换成"你有能力表达自己的力量"。不久之后,他再去参加重大比赛,自然而然地表现了真实水平,获得了好成绩。

我在很多个案中遇到过这种情况,很多人深受出生后六小时内听到的评价的限制,比方"又生了个女孩,怎么办?"这个女孩会在后来的生命中非常坚强,堪比女汉子,她潜意识中的动力是证明她不是男孩,也有资格活下去。

以上四个从被孕育到出生的重要时间点的经历都可能会影响、限制一个生命,可能成为某些生存模式的雏形,相关的案例我通过催眠或其他咨询技术处理过,发现许多人在出生后到 6 岁的时间里,几乎已形成了生命的基本模式,包括我跟别人的关系、我跟世界的关系、我跟自己的关系。我是重要的吗？必须很辛苦才能得到活着的机会吗？一辈子都得辛苦地挣扎吗？我经常被忽略，需要拼命地站在众人面前表现才能被看到吗？寻求生存的模式是讨好型的？打岔型的？抽离型的？还是身心合一型的？这些模式往往潜伏在潜意识层面，有些人终其一生被本能推动，受潜意识深层的模式支配，未经主动觉察或遭受外界大的冲击，都不会发现这些潜藏的支配模式，自己就像是这些早期模式的傀儡和木偶，陷入自我挣扎的轮回。

从出生到6岁的孩子，若跟父母有短期或长时间的分离，孩子会觉得活着没有依靠，就会没有安全感，跟别人有疏离感；若有弟弟或妹妹出生，父母精力不够，孩子更会感觉被忽略。6岁之内生存的环境和状态，以及对生存环境的解读，就形成了一个孩子的"生命剧本"——是匮乏的还是丰盛的，是喜悦的还是痛苦的，是受欢迎的还是孤单的，是主动的还是消极的……主要的调子和框架定了，未来的人生里，就是更换不同的场景和演员，去演出这剧本而已。比如一个案例，案主是家里排行第二的孩子，常感觉父母的爱被兄弟姐妹夺走了；上学后，发现老师既爱前面领先的学生又爱落后的学生，就是会忽略自己，小学六年级时，老师都记不住自己的名字；结婚后，她仍然被先生忽略；在单位里，她也常被领导和同事忽略……看起来这是偶然或者天生倒霉，实际是因为自己6岁前生命剧本的主题模型就是"我是被忽略的"。因此案主就在无意识中更换不同的剧场，跟不同的演员互动，让这个剧本一次次地重复出演，直到开始觉醒，带着勇气，发现了自己生命剧本的主题，痛下决心将其改写为"我是重要的，我是被关注的"。

12岁到21岁期间，心理的模式、情绪、骨骼肌肉等已基本定型。而在21岁之后，若无主动的觉察和发现，这个基本定型的模式将主宰一个人生命的全部，年龄越大越稳固，越僵化，除非当事人主动反思和觉察，主动改变，否则基本是固定的状态了。

因此，**当我们决定跟另外一个人在一起生活时，彼此有很多东西已经是固定的了，或者说是在无意识中固定了。**爸爸妈妈都改不了的，你想改掉容易吗？一个人不自觉地在外界影响下形成自己的生存模式，特定的缘分让彼此在一起生活、相守。假如觉得不满足，想把对方改变成另一个样子，你需要多大的能量才能把一个如此强大、处于稳定状态的人改成另一个状态？所有改变的动力都是不接受对方或否定对方，这样的否定一定会激起对方的反抗，他会拼命维护自己的存在形式，因为这是他的生命，是他的全部，你越想改变他，他越害怕、越逃避。人们常说的存在感，就是每个人重要的生存资格，需要被接受和尊重，用自己的方式活他的人生的权利要被允许、被捍卫，否则拼死都要争取，都要抗争。

既然这样，在生命最初的阶段分别形成了一个你，一个他，这两个人谁好谁坏？谁对谁错？谁更尊贵谁更低贱呢？为什么你看不上他？你老想改变他？一个如此"恶贯满盈"的家伙，当初你为什么看上他，又准备跟他过一辈子？当初那么好、那么完美的一个人，结婚后是谁把他改造成这个如此可恶的家伙？是谁发生了变化？是对方在配合我们的需求变化吗？当初准备迎接这个人时，已在心里开放一个地方，准备跟他走向婚姻，当时百分之百满意，至少也是百分之九十八满意，为什么过着过着，就成了如此"衰"和"丧"的状态呢？

有人说："你不是说种种子吗？我种下了欣赏的种子，为什么结婚之后都变了？"当初你种的种子，已经成熟结果，可婚后以负面能量种的种子，也逐渐成熟了。这些种子激惹了对方，他被你否定，他只是跟随本能的表现，虽然你不喜欢，可这也是他生命中真实的部分，你越否定他，他越要维护，你越想改变他，他越想反抗。谁都没有资格改变对方，既然没有对错，凭什么要对方改变，而不是自己改呢？

当自己的心情发生变化时，就在创造外部世界的变化。当准备爱一个人时，爱的人来了；当处在愤怒、匮乏、斤斤计较的状态时，那个人也配合着，变成我不喜欢的了。打个比方，如果我问："手里拿的这支笔是什么？"你会说："是一支笔。"这种长圆柱形状、白蓝相间、有一个黑色出墨水的圆头、可以写出黑色字的物体，我们习惯把它叫笔，这是人类给它的标签。假如现在远方过来一只小狗，我把这支笔扔到地上，小狗过来玩这支笔，它会认为这是什么东西？玩具？骨头？假如来了一个小朋友，把这个东西拿走，在墙上到处乱涂，没人告诉他那是什么，对他来说意味着什么？它也是玩具，或者叫可以表达心情的东西。这个东西小朋友也许把玩半天，做各种尝试体验，但他头脑中不会自动出现"笔"这个概念。

那么这东西到底是什么？**你觉得它是什么就是什么，你认为它什么都不是，就什么都不是。**不同的人可以给它不同的标签，赋予它不同的含义，它可能什么都不是，它也有可能什么都是。假如最早人们给它起的名字不叫"笔"，叫"棒"，它现在就叫"棒"。所以标签是贴上去的，当我们有了已经贴了笔的标签，我一拿出来，你就会说它是笔。它本来有无限的可能性，但我们已经把它固化了，就只能看到这一个可能性，看不到其他的可能性了。无限的可能被我们贴上的标签局限了、固定了。

## 二、你的伴侣都"对"

我们爱的那个人，他爸爸妈妈会说他是个好人还是坏人？他的朋友会说他是什么样的人？他的仇人会说他是什么人？他的孩子会说他是好人还是坏人？你心目中的他是好人还是坏人？或许是"有时好有时坏"？同样一个人，为什么不同人给他不同的评价？他的本质到底是好的还是坏的？你可能会说"也是好的，也是坏的"。一个也好也坏的人，为什么在你心目中如此可恶？这些所谓的"坏"，是他决定的，还是你决定的？你无法否定是自己决定的。假如你的剧本的核心主题是自己是一个没资格得到爱的人，跟在爱人旁边就要受苦，那么自己就会无意识地刺激对方来折磨自己，"主演"没资格被爱的人生。

与你一起生活的那个人，是被你吸引过来的。他并不是天生就这样，而是被你慢慢塑造成为现在这个样子的。你接受这句话吗？好好思考这句话，这里是关键！他跟别人可以有很多话说，为什么跟你一句话都没有？是不是你的状态把他逼得跟你没话可说？所以是你的状态影响了他，你用自己的状态塑造了他的这一面！你却认为他无话可说，所以不满意，进而要改造他，把他变成你所期望的样子！如此反其道而行之，多么霸道，多么不讲理。当我们看到真相时，就要问自己，你到底想要一个怎样的伴侣？

你想要一个不停折磨自己的人，或者是一个不停否定自己的人吗？那你只需要天天恨他、逼他就好，他一定会如你所愿。

不！你想要一个可以跟你相伴偕老的知心爱人！既然如此，每天种什么种子，能让他愿意跟你相伴偕老呢？一定是每天种下吸引对方、充满理解和爱的种子，不再否定他，而是想办法改变自己，变成有资格让别人爱、有能力表达爱的人。因此你需要学习提升爱的能力，改变信念，改变受苦的人生剧本，重写幸福的剧本。这才是唯一可做的！

当你真的这样做了，奇迹就出现了；自己发生改变，对方就改了，在不知不觉之间，不求而自得。既然改变可以发生，说明他不是你以为的那个可恨的人，他可能变成任何状态，变成与新的生命剧本相适应的状态。我们不能把一支笔变成一个大棒，但可以把自己变得可爱，变得柔软，种下柔软与可爱的种子，呈现生命的柔软和可爱，就可以让身边的爱人变得柔软、可爱。所以对配偶说 Yes，一定比对他说 No 更容易有效果，你信吗？

你准备进入婚姻，或已经在婚姻中挣扎了一段时间，用过去的方法得不到自己所期待的感情，就必须现在改变做法，改变信念，提升能力，改变生命剧本和生命模式，创造你真正渴望的婚姻生活。

有个女士问我："吴老师，你是怎样吸引你爱人出现的？"我花了很长时间，跟她讲我的故事，解释说是我先准备好了自己的状态，才在外边看到他。我的意思是，我的信念决定我跟什么样的人在一起，我的能力和我的"剧本"只能让我把对方从"什么都可能是"的一个人，"改造"成了现在这种类型。每个人都有无限的可能性，但我们的评判和标签，对彼此都是一种局限和固定，会把对方塑造成一种我认定的样子。就像当我们说一个人是坏人时，在你心中他就十恶不赦，没可能变成好人。

当你不再戴着有色眼镜看待对方，当你改变自己的内心世界时，把曾经的墨镜摘掉，换成彩色眼镜，自然会看到一个彩色的世界。每个人的心就像带着一副墨镜，看到的世界是乌黑一片，带上七彩的，看到的世界都是七彩的。既然想看到七彩的世界，你就必须换副眼镜。这副眼镜就是心里内在的生存模式、信念体系。虽然这个模式受很多因素的影响，但你仍然拥有很多工具，可以让生存模式为己所用。心理辅导、灵性成长技巧、佛法的空性智慧，都可以帮助你完成模式的转变和转化。

但所有改变的前提都是：自己想改变！自己已准备好，面对生命中诸多赖以生存的、限制许久的那些局限模式，就会看到更多可能性，活出无限可能性。既然伴侣是由每个人自己塑造的，婚姻也是由自己创造的。改变婚姻就从种下新信念开始——**婚姻不是改变对方，而是让自己改变和成长**。把自己伸出去的那只评判对方的手收回来，把一直渴望改变对方的心转变成"我要怎样扔掉自己的有色眼镜？""我现在可以做什么？"从对自己的配偶说"是"开始！

## 三、怎样对他说"是"

对配偶说"是"，你需要树立三个信念。**第一，好的婚姻从改变自己开始**。假如过去你是痛的，一定是你想改变对方，想控制对方。现在开始改变自己吧！每当你心里涌现对对方的愤怒时，觉察到自己的愤怒，停下来，让这个愤怒流经自己，完成一次彻底的流动，不要阻止它，不要评价和介入，只要允许自然的流动，直到回归平静，让内心的感恩自然生起，也让忏悔发声："不好意思，我又想改变你了，我应该改变我自己。"看到渴望改变对方的动力，同时说："OK，我看到了，我想改变你，因为改变我自己不容易。"然后你会发现，改变的动力消失了，回归爱和平和了。自我的改变永远从"看到"开始，从允许情绪的流动开始，先学会对自己说 Yes！

**第二，家是谈情说爱的地方，不是论对错的地方**。他穿红衣服，我穿绿衣服，到底红和绿哪个更漂亮？他是错的吗？是他的责任吗？他这样，我那样，对错谁来决定？我们太多时候在讲道理、论对错，你错了就是我对了，我就有资格愤怒。压制对方就是想证明我是对的，这是什么在作祟？是"我"，害怕放下"我"。"我爸我妈是好的，我的生长环境是好的，我们家是好的，我是好的，所以你是错的，你是坏的，打败你是为了证明我足够好。"假如争赢了对错，把家给丢了，你愿意要这样的日子吗？争赢了对错，把关系搞糟了，你愿意要这样的生活吗？

要时时刻刻问自己，我想在婚姻中要什么？明确自己所要和在乎的，觉察每一个起心动念，每一个言行举止，跟自己想要的有关吗？我又想做公主了，想证明我是对的，怎么办？我看到了，我对这个部分说 Yes，允许这个部分慢慢流走，带着对自己的宽容和慈悲，才能放下这部分，然后我就会把这份宽容和慈悲也给到对方，在这个过程中，就种下了无数和平与爱的种子。一个又一个这样的刹那是觉察、允许、放下，种下无数的爱的种子，就可以创造无数爱的可能。

曾经有学员问我："都说家不是争对错的地方，那我应该怎么办？"我说："假如你需要论对错，就到法院找法官，他会告诉你谁对谁错，法律是准绳。家里没有准绳，家是讲感情的地方，假如为了对错丢了感情，是你想要的吗？"还有很多人说："这不公平，为什么付出的总是我，我又带孩子又做家务，照顾老的，照顾小的，你回来却对我不好，我觉得不公平。"公平是什么意思？一个天平，这个放左边，它很重地翘起来了，右边再放一个就平了，这叫公平。当讲公平时，实际是把自己当商品跟对方交换，而家不是商场，感情分得清公平吗？**家不讲对错，不讲公平。**

**第三，爱人和婚姻都是我们自己内心制造出来的，所以跟外界没关系，跟那个人没关系。**假如是由对方决定的，就改不了他。为什么两个人聊着聊着就变成知己了，对方怎么变得这么快？既然有可变性，说明还有无限可能性。重要的是，我怎样把我想要的激发出来，让对方配合我。李中莹老师有一个很好的比喻，婚姻就像两个人一起跳舞。跳标准舞的三步四步，一旦跳不好就会互相踩脚。两人最初可能非常不和谐，如果一个要退另一个也退，一个要进另一个也进，就会一团糟。当两个人在乎他们共舞的和谐时，会慢慢地找到一种节奏，一人退另一人则进，这时谁跳得好不再重要，两人这个整体一起跳得好才重要。无论我这个人多伟大，跟他在一起，有我们共同的节奏，有"我们"，婚姻才会真正和谐幸福。如果不愿放下"我"，把自己放得比对方高，时时刻刻想要证明我是对的，那时就没有"我们"，也不在乎"我们"了。一个只在乎自己的人，是不适合结婚的。

当把自己放在高处时，是一种非常傲慢的行为，根本没有看到对方。为什么会那么傲慢？是因为没认真地看过自己，没看到自己的毛病也是一大堆。骄纵自己并且以为自己一切都是好的，都是对的，完全看不到自己的"阴影"部分，不愿意真实面对自己的"阴影"，只在对方身上找"阴影"，所以改造对方就进行得彻底而坚决。有位先生曾说："我没办法跟我那口子聊天，聊到最后一定是吵架，吵到最后一定得让她赢，她只有赢了才舒服，因为她说她从来不会错，错的一定是我。"一张纸，除了有 A 面，也有 B 面，谁也不能说一张纸只有一面。每个人不仅有光亮的一面，也有阴暗的部分，就像月亮有圆缺一样。当你觉得对方小气、吝啬、偷懒时，老实地问自己：自己真的没有小气的时候吗？没有吝啬、偷懒、不讲理、龌龊的时候吗？为什么允许自己存在缺点，却不能接受另外一个人的缺点呢？

婚姻既然是自己创造出来的，就永远不要期望改变他人，你要改变的是自己。这样的定位，就是不把对方当成敌人，而是**把对方当成老师，当成给自己送礼物的人**。每当冲突结束，坐下来想想，假如对方是我的老师，教会了我什么？他教会了我要照顾自己；教会我看到小时候那个被否定忽略的小孩，把他抱回来，照顾好他，我就成长了，感恩老师给了我这个礼物。此时的爱人就不再是伤害自己的仇人，而是恩人了。

用这样的方式，你会发现自我的改变时刻都在进行。当有了成长，渴望回家跟爱人好好表达，对方却在这时勃然大怒，没有按照期望给你温柔呵护，但他给了你一个更大的礼物：考验你的能力过关了吗？假如你又习惯性地跳起来，然后对这一惯性有了觉察，你可以选择先去房间处理自己的情绪和模式，完成后对他说："谢谢，你送的礼物我收到了，我今天又成长了。"这时他就是老师，你会感恩他送给你最宝贵的成长礼物。如此，旁边的配偶真的是生命中的贵人，是你最好的老师，可以"照见"自己的生命状态和能量等级，推动自己时时刻刻进行觉察，实现成长。

我就是这样看待我和爱人的关系的。每当他刺激我时，都是送礼物给我，那个礼物有时可能当时收不到，必须痛定思痛或者拆掉痛的包装才能发现。过去习惯了冷战和对抗，后来发现这样做很傻，不会成长，没有收获，会让自己一直待在受害者的剧本里受苦。然后我主动改变自己：在事情过去后，痛定思痛，反思这个老师送了什么礼物，在自己的内心认真地扒一扒，扒出来的，都是外人刺激不到、只有他伤得到的部分。因为朋友会护着我，爸妈会让着我，只有这个人，时不时地戳一下，戳得够痛，提醒我看到童年期的久远的某个伤痛。现在躲不过去了，把它打开，清理愈合，然后放下，我的力量就会因此更强大一点。所以每次我都会带着感恩对他说："谢谢你，我又成长了。"最初当我完成自我疗愈，从房间里走出来对先生说感谢时，他都会以为我是在讽刺他，预备应对后面的伎俩。我告诉他是真心的感谢，因为刚刚我"看到"并"照顾"了童年的自己，现在我更安全了，不再受伤，只有感恩。这个礼物是他送给我的，我又长大了一点点。这样慢慢习惯了，每次两个人发生冲突之后，我就自己疗伤。自己因此越来越完整。他并不完美，可他帮我变得完整，我内在很多已经忽略的部分被照顾到，因此更有力量。这就是把对方当老师，让自己越来越有前途的成长之路。

## 四、以伴侣为明镜

**把对方当成你的镜子，**因为镜子可以反射自己的状态。照一下镜子，发现镜子里有个瑕疵，拼命去擦那个镜子是没用的，要擦自己对应的这个地方，把它洗干净，镜子自然变干净了。伴侣是自己"创造"出来的，对方只是镜子，自己是照镜子的人。假如镜子让自己不满意，需要改变的是照镜子的自己。就像在复印机上复印材料，复印件上的黑斑是去不掉的，只有把原件上的黑斑修改掉，才能让下一次复印变得干净。婚姻是自己创造出来的，自己是原件，对方是可以照得到自己的镜子和复印件。每当看到爱人的一大堆缺点，过去的你吼他、骂他，试图修改他，当然无效而辛苦。

现在坐下来好好想一想，自己哪一部分被看到了。镜子跟自己相反，镜面反射了你的哪一部分？越不能接受对方的，就是越不能接受自己。当你不能接受对方，抗拒对方时，就是对方提醒你必须接受自己的这一部分了，"礼物"来了，带着欢喜的心和全然的爱去接收吧！

现在请在纸上快速写下最讨厌恋人或爱人的几个特点。比方某某是自私的人、懒惰的人、不求上进的人、不负责任的人，把你内心对他所有的控诉快速写出来，带着对他所有的鄙视和愤怒，念出来。体验一下内心的感觉，觉得对方更可恨了，是不是？

现在你把对方的名字换成自己的名字，比如你叫小芳，就把他的名字换成小芳，把你刚刚写下的对方的若干罪状，重新念一遍，但要以自己的名字开头，如小芳是懒惰的人、不负责任的人、不担当的人、可恨的人。感觉如何？不舒服吗？区分一下，这份不舒服是看到自己阴暗面之后的不舒服，还是觉得不服气——我不是这样的人？每个人都习惯看到自己好的一面，自以为是，以为自己身上都是优点，这样才会自信些。你真的看到自己的不好的特点时，心里不好受，不自在，本能地就会忽略这部分，却在旁人身上看到了这部分，觉得不能接受，拼命想改变对方。所以，改变对方背后的动力，**是自己想改变**！现在，你终于看到这份力量了，那么，就从现在开始改变自己吧！

怎样改变呢？请伸出手来，按在胸前。看着刚才写下的那些缺点：自私的、懒惰的、计较的、不负责任的。诚实地对自己说："我不完美，同时我的明天会更好。"先说所有你不接受的那些特点，然后对自己说："我不完美，同时我的明天会更好。"感受一下，当这样说时，你内在感觉的变化。把手放在胸前，对自己说："我深深地、完全地爱和接纳我自己，尽管到现在我还有那么多缺点和不足。"另一只手也放在胸口，说："我看到自己的完整，我接受自己的不完美，同时我的明天会更好。"在心里一遍又一遍地这样说，充分感受能量的流动。

当你略带尴尬地看到了自己真实的部分，看到了更全面的自己时，当你真的开始接受自己是个普通的完整的人，有优点也有缺点，是可以改变的、有很多可能性的人时，感觉怎么样？当我可以接受自己这些缺点后，平静而舒服，突然感觉很踏实。再去看爱人，他也有这些毛病，跟你一样。既然你有这些毛病，改不了，他也是一个普通人，有这些毛病很正常啊。这时，才是真正接受对方。

每次看到自己的不好，都能接受自己，每次看到对方的不好，也能接受对方，两人之间还会爆发战争吗？还用争输赢比对错吗？当真正地彼此接受，爱才像水一样开始流动。爱从自己心里流向对方，又从对方流回自己，每个人都需要对爱人说："是的，我接受你就是这个样子，因为我接受自己时，也开始接受你。"

真正的接受不需要压制，也不需要强忍。接受从看到真实的自己开始。一个完美的公主，一定很难接受有瑕疵的男人。当看到自己不完美的真实时，才能看到对方也是一个真实的人。如此，就会有真正的爱和宽容在流动，就会有更多机会创造属于"我们"的未来。

## 五、冥想——对爱人说"是"

用你熟悉的方式放松下来。在你心里开始感受你和爱人的连接，你的爱人就在你对面，他在阳光下有很亮的那一面，但你也同时发现，背对着阳光的那一面，很暗很暗，就像在白天一切都在太阳的光照下温暖又明亮，晚上被黑夜遮住了，暗淡无光。太阳和月亮没有谁好谁坏，它们只是用不同的方式呈现了跟万物的连接。而你现在终于愿意真实地看到你对面的爱人。他有他的优点，就像太阳光下很耀眼的部分，他也有他的不足，就像暗淡无光的黑夜，一个真实的爱人就是这样，有亮的部分也有暗的部分，两部分合在一起，才是真实的他。所以当你看到一个更真实的人的时候，感受一下内心，然后问自己，曾经你想把他改造成什么样的人？是一个单面人，只具备你所期望的特点，把他自己所有的特点全都隐去吗？你知道你做不到，因为即使是一张纸，也有正反两面，你没办法让一个人变成单面。

恭喜你的是，你现在终于看到了全貌，看到了一个立体的、真实存在的人，他是你的爱人，所以试着看你可不可以在心里望着他的眼睛，然后真诚地对他说："你是我的爱人，现在我看到了你，我看到了你的优点。"你在心里列举一下他有哪些优点，例如他比较善良，比较敦厚，或者他比较沉稳，或者还有其他什么，然后你再对他说："我同时也看到了你的懒惰、你的狭隘、你的自私、你的计较、你的不思进取，等等。"看一看你心里可以列举出他哪些你不喜欢的东西？当列举完后，你对他说："当我可以看到你的这些优点和缺点的时候，我知道，我也有这些优点和缺点。"

"谢谢你做我的镜子，让我看到更真实的一个人，一个生命。谢谢你！当我可以接受你有不同面的时候，我也可以接受我自己有不同的面。谢谢你！今天我把自己从完美的宝座上放了下来，让我成为一个普通的人，我因此也能够感受到，你作为普通人的所有喜怒哀乐，所以当我能够接受自己是普通人时，我也全然地接受普通和真实的你了。"

看一看，当你这样说时，对方会有怎样的反应？看一看，当你这样说时你自己感觉怎么样？你是变得更卑微了，还是更真实、更踏实也更有力量了呢？对你的爱人说："一个人有光亮的一面，同时也会有阴暗的一面，一个人同时拥有这两者，是多么美妙的事啊！谢谢你，让我有机会跟你分享你的生命过程，让我见识到一个跟我不一样的人，丰富了我的生命体验。也谢谢你，让我有机会跟你共同合作，创造我们的未来。当你帮我照见了所有的缺点和不足的时候，我开始真实地爱自己、接受自己。当我开始真正爱自己、接受自己时，我也在学习真正爱你、爱我们，谢谢你！"当你说完这些，对面那个人会怎么样？当你说完这些，自己感觉怎么样？

很多人都会长长地出一口气，身体瞬间放松下来。好像不用架着，也不用装着了，做回真实的自己，很踏实、很自然、很诚恳。奇妙的事情就在这个瞬间发生了。当我们可以对自己真实、自然、诚恳地表达的时候，我们真的感受到跟对方有更亲密的连接，似乎那份爱在流动。

## 互动分享——发现你自己的情绪按钮

我们的那些负面情绪——愤怒、伤害等，就像按钮一样，对方一做某件事，你的按钮就被启动。告诉自己，每当被对方启动了你的所谓负面情绪时，都是这个老师在送礼物了。他一定是在告诉你，你的情绪深层有一些创伤，一直藏着，现在该曝光了，该疗愈了，该放下了。

**怎么发现你自己的情绪按钮呢？**写下来：在什么时候？什么情况下？对方怎么说？怎么做？我会有愤怒的情绪，我会有沮丧和失望的情绪，我会有委屈的情绪，我会有悲伤的情绪，我还会有恐惧等这些情绪。你可以慢慢地回顾一下，对方怎么说？在什么情况下？什么时候？怎么做？你好像有一股压不住的东西，"嘭"地就爆发出来。去观察一下，重要的扳机是什么？他激发出来的那些情绪，都跟他无关，而是跟你以往的经历有关。假如你愿意这样整理一下，你会收到很大的礼包。假如你还有能力去处理这一部分，那就更加恭喜你，自己往前走了一大步。假如你觉得自己还不知道怎样解决不同情绪的问题，建议你去看《孩子，我拿什么留给你》，这本书里有对情绪的解读，也有一些处理方法。假如这些都还不行，我建议你去找一个专业的心理咨询师，帮你梳理，把那些创伤进行疗愈，直到你可以从创伤中穿越，带着更大的力量回到现实中来。

当你能够回来的时候，已经变得更有力量了，是不是？你已经收到礼物，可以好好享受人生了。这个作业很重要，我们可以对对方说"是"了，就等着好好地收礼物吧！这是非常美妙的相处过程。

# 第十章 学习钱钟书与杨绛的爱之道

## 婚姻之问

俗语说:"婚姻是爱情的坟墓。"到底什么是真正的婚姻?

所有的婚姻都是凑合着过日子吗?

夫妻二人白头到老是童话吗?

相爱的人,是相互扶持而不是相互改变。即使要改变也是从"我"开始。

有人说:"这不公平,为什么改变的总是我?"你的答案是什么呢?婚姻中为什么改变的总是你?因为有个人最痛,最痛的人想拥有更好的生活。既然婚姻是你创造的,婚姻幸福与否就由你决定。你若不改,没人可以送你一个幸福的婚姻。现在太痛的生活是你真实的体验,没有别人可以代替你的痛,因为你在乎这份感情,你要为自己负责,总要有一个人先做出改变,这个人是你。

## 一、痛是觉醒之始

心理辅导中有一个基本原则：两个人之间有矛盾，谁最痛苦谁先改变。痛是觉醒的开始，痛苦的人最有动力改变，也必须改变，只有改变才能从痛苦中解脱，去过想要的幸福、平静、快乐的生活。

还有人说："我为对方改得好辛苦，对方一点都不改，这不公平。"当你在乎公平时，并不是真正为自己而改变，你的目的还是想改变对方。同时你的改变并不彻底，还没真正翻转到另一面。不要以为改变是你要挟对方的手段，你不是为对方，而是为自己而改变。不论是否结婚，改变都是每个人必须面对的，因为每个人都有自己成长的义务。

每个生命来到世界，都有一股强大的内在动力，就是让自己体验完整的生命过程，那么就要经历不断的变化，改变是唯一不变的规律。假如不经历变化的痛苦，那么永远都无法完善和完整。改变是自己成长的需要，跟对方无关；改变是自己的事，跟别人无关。所以，你确定要改变，确定改变是发自内心的动力。如果改变的目的是让对方改变，自己的改变只是一个砝码，一个诱饵，对方改变的状态是所钓的鱼，这就是有预谋、有条件的改变了。自己受控于对方，由所钓到鱼的大小，决定自己改变的力度。这不是真正对自己负责，更不是无条件的爱了。当没有真正改变，对方给你送礼物的任务还没完成，"照镜子"的任务也没完成，他是不会改变的。除非你真的变化，收到这份礼物，才可以再创造生命另外的状态。不需要做怨夫怨妇，为什么改的总是你？因为你享受的是自己改变后的人生。

## 二、婚姻的新信念

有两个跟婚姻有关的故事。第一个有点沉重，第二个则是已婚者的榜样和偶像。

当你读第一个故事时，请带着你前面学习和储备的所有新信念和智慧，同时进行换位思考：假如我是当事人，可以有哪些变化和不同？

故事的主角，是来找我咨询的一个女士。她家庭条件很好，形象也很好，外表看起来比实际年龄小很多，显得非常年轻。当她告诉我她已经是两个孩子的妈妈时，我是被吓了一跳的。她更像个少女，完全没有岁月的痕迹。（一个人生理年龄和心理年龄完全不匹配，是个需要探询的信息，为什么容颜停滞在某个点？除了驻颜有术青春不老，是否有其他心理原因？）我在头脑中画了个大大的问号：她在十几岁的时候发生了什么，让她"停止"了成长？

她在机关工作，先生也是。结婚时两个人门当户对，俊男靓女，人们都很羡慕，举办了一场非常豪华的婚礼。女方家境殷实，她是家中独女。一个是苏州人，一个是苏北人，结婚时大家觉得双方是天造地设的一对。婚后，第一个孩子出生时就有了困扰，孩子到底姓谁的姓？女方家在经济上给了小夫妻很大的支持，买了婚房，置办了很多嫁妆，女方父母期待孩子姓女方的姓。男方当然不开心："我们可以娶得起媳妇，不需要你给这些钱，生了孩子当然姓我家的姓。"

两家的老人为姓氏问题闹得非常僵，但随着孙子的出生，这个矛盾被压下去了，孙子跟了男方的姓，婆婆来到儿子、儿媳妇家照看孙子。

婆婆来了后，矛盾就激化了，因为婆婆跟儿媳家的习惯完全不一样。婆婆不只是照顾孙子，对媳妇也有要求，说："我当年做媳妇时是怎样怎样的，你不需要像我太多，有一点点就够了，起码应该这样干那样干。"婆婆对自己的儿子更多是理解和体谅："上了一天班累了，快回屋歇歇吧！"媳妇在旁边很不甘心："我也上了一天班，为什么不让我休息，而是让我做饭，却让他在房间里打游戏。"

这些矛盾不断激化，夫妻两人就会起冲突，争吵声音不敢太大，怕老太太听见，所以暗自较劲。女士的爸爸妈妈也来帮忙照顾外孙，在开放二胎政策前，他们弄到了生育指标，又生了个男孩。这个儿子一定要姓女方家的姓，这样大家都平衡了。

女士在二孩出生后，更加分身无术，忙不过来，假期时就会住在娘家，让父母帮忙带孩子，先生和大孩子就跟孩子的奶奶住在一起，夫妻两个人越来越疏远，没有多少相处时间，她自己又要上班，又要照顾孩子。她作为独女有很大的心理压力，爸爸妈妈的产业也接不过来，把孩子带回家，两个孩子吵吵闹闹，婆婆身体不好，先生回到家只知道打游戏。女士变得愤怒，开始指责、唠叨、抱怨，怨气越来越多，于是先生索性就不回家了，住到了另外一套小房子里。

一开始女士觉得很好："他不回家烦我，也不用看着他来气，我自己照顾两个孩子，什么事都是我说了算，实在照顾不过来，爸爸妈妈帮帮忙都还过得去。"可过了一段时间后，先生发短信告诉她说："我觉得活得很不容易、很辛苦，在你们这个家里没有我的位置，我想我们是不是谈一下，分开算了。"婆婆也不开心，怪媳妇说："你的男人都不回家了，你怎么可以不管他，他去哪里了？"回到娘家，爸爸妈妈还会训她："你这个孩子没出息，连自己的家都搞不好，我们什么时候能不为你操心？"爸爸妈妈因为不放心，也搬到她家来住，家中关系的混乱程度可想而知。

这样一团糟的状态，假如是你，怎样处理和面对呢？

我问她："你想要什么呢？""我也不知道想要什么，我在想，他真要走就让他走好了，跟他在一起过着也没劲。"我说："好，你可以放他走，问一下自己，放他走后，你会比原来过得更开心吗？"她想一想："我也不知道，反正我对他没信心。"我说："假如你不知道，也没信心，我也没什么好帮你的。你来找我是只为投诉他吗？他没来，我没办法替你改变他。"她想了一会儿说："我不想跟他离婚，原来我以为离开他我会开心，可是最近，当他告诉别人说跟我在一起很辛苦，我让他很没自尊、让他非常难过时，我开始反思自己，在想是不是我也做错了。假如我也有错，真的跟他离婚，也对不起孩子，所以我要看一看到底发生了什么？好想听听你的指导。"

她的故事在现实生活中很常见，并不算最悲惨的。我们听到太多的故事是：男的已经不回家了，在外边有了喜欢的人，也许把他拉回来，平静了一段，但过段时间发现他在外边又有人了，悲剧重复上演，如果他在外面又有了孩子，那才叫悲惨。这个故事中的女士已经快走到悲惨的边缘了，虽然并不知道先生在外边是否有喜欢的人，但她已经看到自己对他一度的放弃和嫌弃，现在痛了，感觉到留恋，还有机会让她痛定思痛，把留恋转化成爱！

接下来我引导她，让她摆把椅子在对面，想象椅子上坐着爱人，引导她在内心里看着他。但她看了半天："我看不着他，我知道他在，可是我就是看不见他。"在她心里没有对方留下的痕迹，是什么挡在了两个人之间？

我尝试让她想象她的爸爸和妈妈在对面。她告诉我，当爸爸妈妈出现时，所有的注意力都被妈妈吸引过去了。看到妈妈，她的情绪就开始释放，愤怒和委屈交织爆发，然后一个创伤点出现了。在她十岁左右时，妈妈忙着出去做生意，把她一个人关在家里，所有小伙伴都在外边玩，她出不了门，想扒窗出去也不行。然后她找出家里的钥匙扔出去，让别人打开门放她出去了。她妈妈回来后找不到孩子，非常恐惧，暴怒，把她找回来后，重重地暴打了一顿。之后妈妈把她关在一个小黑屋里好多天，不让她出来。她在那个时候停在了恐惧的创伤胶囊里，停止了心理的成长。我找到了她的外貌停滞在十来岁孩子时的原因。

我帮她跟她妈妈做了疗愈清理，带领她释放了身体内储存的创伤能量，一层层释放了恐惧、委屈和愤怒，她不断地哭泣，不断地大口呼吸，全身抖动。在疗愈的一个小时中，一波波的情绪流动如浪潮一样涌来退去，直到归于平静。我再引导她去看爸爸妈妈的关系，第二层创伤又来了。她的爸爸妈妈吵架，吵得天昏地暗，她只能躲在被子里哭，不停地发抖，没有人帮她，陪她。那时候她本能地学习了婚姻是可怕的，这变成了深入骨髓的信念。直到我帮她把爸爸妈妈的责任交还给他们时，她才有力量说："我自己照顾自己。"接下来第三层创伤又来了。小时候妈妈一直叮嘱她："男人是不可信的，女人要自强，女人要自重，女人要自爱，所以你一定要坚强，你不要让男人操控你。"这些咒语给她披上了非常强大的"盔甲"，她这个外表柔弱的小女孩，不自觉地运用了负面情绪的能量保护自己，用抱怨、说教、指责、嘲笑等手段每天折磨先生，支撑着自己内心强大的优越感。因为房子是她的，父母家里有钱，自己长相很好，工作很有面子，所以觉得自己非常了不起，骄傲得以为没有人可以配得上自己。不知不觉间，迷失在骄傲里，目中根本没有丈夫和他的家人，更谈不上尊重了。

她丈夫是怎样的一个人呢？小时候跟父母分开，住在奶奶家，与父母的连接中断。他最不能接受的就是别人的否定，因为他得到父母的肯定太少太少。太太似乎知道他最怕的就是这一点，不光私下刺激他，还当着儿子的面嘲笑道："看你爸那熊样，一点出息都没有。"她会在丈夫出去应酬时，打电话给他的朋友，让他打开免提，辱骂和嘲讽他，让他的朋友们听到，她就这样一次次发飙，把他最在乎的面子剥下，把自己的男人一步步地推开。男人曾经说："你在我爸妈面前侮辱我，在你爸妈面前侮辱我，在孩子面前侮辱我，在我的朋友面前侮辱我，我没有一点儿是被你认可的。跟你在一起，我觉得越来越没有自信，什么都不敢动，做啥都是错。我不干活，你训我，我干了，你还训我。既然这样，我干脆打游戏好了。"他这样的倾诉，她完全听不进去，继续用"不负责任"的标签否定他。两个人就这样渐行渐远，彼此痛苦地折磨了五六年。

当我帮助她穿越了一层一层的创伤，再引导她看向先生时，她可以清晰地看到他了，他在她的内心开始有了位置。当她自发地跟先生沟通时，就像一个女强人在训话，每句话既强硬又很冲："我准备改了，你打算怎么样？"我引导她用和缓的语气说："我看到你了，我知道有很多地方我做得不够，所以我想先从改变自己开始。"当她一句一句学着表达时，可以清晰地看到对面先生的面部表情的变化。先生从开始完全不看她，腿抖来抖去，到开始安静下来，带着感动看她。她感受到改变信念和沟通方式的全新效果，开始对自己过去的状态有了充分的反思，也开始尝试改变自己，去创造新的互动。

这个辅导做完后，有效了两天。这两天里她能觉察，也能管住自己。但到了第三天她又忍不住发作。先生责问她："你不是学了心理学吗？不是做了心理辅导吗？怎么还这样？我没信心了，干脆办手续吧。"

她不甘心，一个星期后又约我。问我："为什么没效？"我反问她："为什么没效？你为什么要改？"她说："我以为，我改他就改。"我说："原因就在这，因为你所有改变的目的都是想要改变对方，并没有发自内心地让自己改变习气，改变习惯，更不要谈生命绽放和圆满了，你处于一个下诱饵钓大鱼的状态，以自己所谓的改变，重新控制对方，觉得自己付出了，对方应该改得更好，他不改你就放弃，这并不是真的自我改变和自我承担。"

她开始沉思，愿意再试试。我带她做了一个重要练习，面对想象中的爸爸妈妈行鞠躬礼，从很深的鞠躬，到心甘情愿地做五体投地的鞠躬。她发自内心地说："爸爸妈妈，求求你们祝福我，求求你们，允许我跟你们过不一样的人生。"她不断地请求祝福，在慢慢地直起身来后，突然发现自己好像长大了，好像真有力量了。过去她投诉妈妈一直否定她，讲她没出息，觉得妈妈伤害她，现在突然发现，是自己没准备好长大，妈妈不放心，才这样互相纠缠。当她真正请求祝福、愿意跟父母"告别"后，奇迹就出现了，力量就回来了。

她再去体验爸爸妈妈的话："你长大了，我们不需要操心你，可以安享晚年了，你把自己的事弄好吧，你的事我们也不管了，不再插手你的家庭生活。"她受到很大鼓舞，转身看到丈夫，开始用成熟女人的状态对他说："我看到了你，请给我些时间，让我们从头开始，创建我们的爱情和婚姻。"先生这时非常开心地点头，表示愿意陪伴她。

这次之后，她发短信告诉我："老师，我的心好像刚刚回家，刚刚回到我现在的家里，跟我爱人一起面对我们的孩子，面对公公婆婆和我的爸爸妈妈，我终于从小女孩长大了。"一个月之后，我再看到她，令人惊讶的是，她脸上的稚气已悄然褪去，举手投足俨然一个风韵十足的少妇。

我在她身上看到惊人的变化，从公主、受害者、控诉者，快速地转化为有爱和智慧的成熟女人。她分享说："先生一直有点绷着，不相信我，我不着急，慢慢来。"后来先生每天都回家，主动陪孩子，带孩子去踢足球、散步，变成了很负责任的爸爸，也变成了负责任的男人。他们自己照顾孩子和家，不让父母过来帮忙。婆婆关心她说："你也不容易，我当年像你这样上有老下有小，也很辛苦，回家来歇歇，我能帮你就帮你。"她开心地说："真的很奇妙，人生怎么可以有那么大变化？原来我的转化可以带来外部世界如此大的改变，好像我刚刚开始活我自己的人生！"她整个人都不一样了，所有人看到她都好奇地问发生了什么，她只是笑笑说："我长大了。"

一个长大的女人，会带来整个家庭的变化；因为她的"长大"，推动着先生也在"长大"。后来见到她先生，他非常高兴地说："吴老师，太感谢了，我俩现在有初恋的感觉了。"我说："太难得了，结婚七八年，人家都在七年之痒的痛苦中，你们反倒有初恋的感觉。太幸福了！"我问他做两个男孩的爸爸累不累，他说累并快乐着。一个腼腆实在的大男人，带着两个儿子在草地上玩得像个孩子。

他很爱自己的家，爱自己的孩子，他用自己的方式推动了改变的进程，他坚持微信沟通，躲到小房子里让自己冷静，他不想轻易放弃婚姻，所以给了太太足够的机会。他跟太太说："你觉得我容易吗？你们一家三口人其乐融融，我一个人下了班，冰冷地待在小房子里，家在哪我都不知道，我也觉得自己过得很可怜，哭过很多次。"当然这些都是两个人感情好了之后，他才分享的。

在这个案例中我完整地陪伴和见证了这个家庭的整个变化过程。我清晰地看到，一个女人的变化会带来男人如此巨大的变化，女人和男人的互动，会带来一个家庭、家族的改变，而一个家庭、家族的变化，又会影响更多家庭甚至社会的变化，这是多么有意义的改变和成长过程啊。有太多人经历了从痛苦中自救的真实改变，让我相信婚姻真的是生命中的一所学校，只要愿意在其中学习，一定会有巨大的收获和成长。

许多年来，我在课程和咨询中经历了很多这样的故事，陪伴了一个又一个家庭欢笑起来。有人说："假如早点知道这些，早点做出改变，可能痛苦会少一些。所以学习和成长真的非常必要！"也有人说："当初离婚以为未来会有很多可能性，可是自己没成长，第二次婚姻比第一次还痛苦，第三次更痛苦。"所以有哲理的总结是："没有学会游泳前，换游泳池是没效果的。"自己不会游泳，不论在哪个泳池里，都没办法享受在水里自由游泳的快乐。先让自己学会游泳，再决定哪个游泳池更适合自己吧。若没有能力骑自行车，去挑再大品牌的自行车，也没有意义。

### 三、婚姻是爱与成全

接下来，是第二个婚姻故事。主人公是一对值得敬佩和学习的伴侣，许多人都知道他们，男的叫钱钟书，女的叫杨绛。杨绛写的《我们仨》是我在女儿的强烈推荐下，用两天时间一口气看完的。那份荡气回肠、揪心的感动让我许久都无法释怀。

我一直很崇拜钱钟书，他是一位真正的学者，一位大师。当年上学时看《围城》，我就在猜测，这么了不起的一个人，会有怎样的家庭生活呢？谁是他太太？若干年之后，《我们仨》这本书，让我了解了钱杨二人的故事和他们的感情世界。我也看过描写他们两人故事的专稿，受到了很大的触动和启发。

钱钟书很有名，杨绛一直支持他，照顾着他。他去世后，杨绛一个人依然笔耕不缀，用自己生命最后的精力，写了很多书，翻译了很多著作。杨绛也一直被人尊称为先生，当她离开世界时，很多人非常怀念她，哀悼她，称先生是女中豪杰，是最贤良的女人，也是一位最美的才女。

我非常敬佩钱杨二人的感情和他们的为人。为什么呢？

杨绛笔下的钱钟书是一个不完美的男人。他跟我原来想象的不一样，因为他除了会做学问，生活上像个低能儿。杨绛生产住院时，钱钟书从家里跑到医院去看她，他说："我做坏事了。"他打翻了墨水瓶，把房东家的桌布染了。杨绛说："不要紧，我会洗。"他就放心回去。杨绛说"不要紧"，钱钟书就真的放心了。

我看到这个片段时，被深深地触动了，杨绛对钱钟书有着一份怎样的接受和爱，让她可以如此微笑着，带着欣赏的目光对他说："没关系。"如果按照中国传统观点，这些事情应该是男人的事；如果按照我们对男人的要求，他应该有起码的生活能力，除了搞学问还应该会做家务才行。为什么连灯泡都不会换？为什么连最基本的生活所需都安排不好，需要妻子像个老妈子一样照顾他？很多女人都会如此不甘心地抱怨，是吧？

杨绛既可以做家中的事，也可以出去应酬，帮钱钟书打点外面的所有关系。何况杨绛也出身名门，是翻译家、文学家，是被称为大师的一个女人。有这么多令人骄傲的资本，怎么可以降低身价，在家里收拾台灯，安装灯管？是什么让她可以做到这点？学问不比丈夫差，名声不比丈夫小，凭什么要伺候丈夫？就像人们常说的"凭什么要改的都是我"一样。

看他们早年的故事，杨绛跟着钱钟书受了很多苦，他们搬到上海，只能住在人家过道里，是没有什么福好享的。而她是个大小姐，大小姐竟然寄人篱下，竟然过漂泊的生活，是什么让她这样爱她的先生，可以里里外外处理所有事情？这个女人内心会有一份怎样的智慧和力量？

杨绛不仅是有才华、有智慧的女人，在她身上既有传统女性的那份平和与温柔，也有现代女性的胆识和力量。她没有乞求一个完美的男人，她心甘情愿去做里里外外所有的事，支持着自己的先生，同时她仍然可以做自己的事业，可以把自己的所有才华奉献出来。她和钱钟书之所以有那么美满的情感，源于她对爱人的接受和爱。

女人不是因为自己有才华、有能力就该有傲慢的资本，傲慢永远是幸福婚姻的障碍。所有的才华和能力，都变成对另外一个人的接受，是跟另外一个人更好地合作的基础。这是真正的智慧，绝对与傲慢无关。杨绛成就了钱钟书，而钱钟书也成就了杨绛。当他们把彼此看得非常尊贵时，他们两人有这种相濡以沫的尊重与接受，他们愿意为了"我们"接受彼此，陪伴彼此。他们收获的，是他们期待的；他们创造的，是他们共同的愿望。

我看过很多名人、领袖传记，唯独被这对夫妻的故事吸引。因为我看到的是两个真实的普通人，他们活在日常生活中，活在当下的分分秒秒里，在光环之下，是两个相伴的灵魂透着的烟火气和相互扶持。而在很多名人的夫妻关系里，感受不到活生生的日子。他们甚至住在不同地方，见面以同志相称，"战友夫妻"的革命情谊离普通百姓很遥远，很抽象，让人难生情感共鸣。钱杨二位先生就像身边的邻居，过着一对真实的普通人的生活，是两个智慧的、有才华的精神偶像的生活。

对照时下很多人的婚姻，差距显而易见：钱杨在"我们"中同时保留"我"，以独特的"我"成就对方。而很多人包括"80后""90后"，更多的是执着"我"的部分，害怕、不愿意丧失"我"，以为相濡以沫、喜怒哀乐的"我们"会消磨要坚持的"我"，所以牢牢地看守着"自我"，只愿意同享欢乐，不愿共担痛苦。痛苦来时，自己觉得付出太多，吃亏了，就先撤了。

很多年轻人对婚姻没有足够的信心，大家都害怕失去、害怕不公平、害怕吃亏。有很多高龄难婚的人，被家里人逼婚，出现了各种类型的"逃"和"怒"："为什么要结婚？我有独立的工作和稳定的收入，假如找个人还不如我的条件，我还要倒贴，还有各种麻烦，养孩子的费用又这么高，压力这么大，为什么一定要降低条件结婚呢？"当用公平、对错、赢亏来衡量如此神圣的情感，把婚姻和感情等同商业、交易去评估，婚姻就真的变得可有可无，甚至没有是最好。

在这个信念日益多元化的时代，婚姻观也趋向于多元。为什么结婚，结婚意味着什么，每个人都有自己不同的观点，因此塑造了各自不同的婚姻状态。这本无可厚非，也无对错好坏，社会已有极大的容忍度，我们不需要去管别人是如何对待婚姻的，也不需要用别人的婚姻做自己的佐证，我们要面对的只有自我审视：我在乎的婚姻是什么？我是否体验到期待的生命和婚姻状态？因为我们只能先照顾自己的人生，为自己的生命负责。"幸福的家庭都是相似的，不幸的家庭各有各的不幸"，我们自己是幸福还是不幸？

于我来说，婚姻情感对每个生命的成长都不可或缺。因为每个人都需要跟另一个人在亲密的互动关系中完成自己丰满、充实的人生，享受彼此陪伴成长的过程。所以我在钱钟书和杨绛两位大师的故事中吸收到了精神的营养，受到了启发，同时推荐你带着好奇去搜索他们更多的故事，在活生生的版本中感受真实的偶像力量，以解心中的困惑。当我们经历了对婚姻的训练和学习，对婚姻的理解更加理智和深刻，有了与以往不同的定义和准备，先"炼"爱，再结婚，是必要的，已结婚，再"炼"爱也是必需的！每个人都要经历"从'炼'爱到结婚"的人生历程。

关于婚姻的练习，也是以另一种方式探索婚姻的过程。到现在，你已经可以用全新的信念、理论、能力、技巧去解读更多成功及失败的婚姻，并对自己的婚姻的创建和重塑做好充分的准备，从婚姻开始，自信、饱满地面对人生。带着这份饱满的期待和喜悦的感觉，再一次进入练习和冥想吧！

## 四、冥想——"阴"与"阳"的变奏

让自己放松下来，快速跟自己的内在心灵连接，也同时快速地让自己每一次向外呼气都带走所有的疲惫、紧张和压力。

伴随着又一次很深入的学习，思绪让我们来到一片田野，可以看到田野如此宽广，那是一片长着茂盛植物的田地，宽广无边。田野上孕育着不同的植物，它们有不同的形状、不同的特点、不同的种类。田野也有裸露的地方，甚至也有一些砖瓦，不规则地散在这片田地上。这片足够宽广的田地，如此包容地孕育着所有的生物，也为所有长在这块土地上的生命提供着支撑。不管别人怎样践踏它，它就是默默无闻地守在这里，不管别人有多么忽略它，它就是这样依然故我地存在着。

有很多人会把大地比喻成母亲，或是把大地比喻成女性，真的是所有女人都准备好做宽广无边的大地吗？大地把自己放得很低，放在众人脚下，无数人在踩踏碾压它。大地把自己放得很低，可是它却有无限的潜能，只要把种子撒进来，它就可以孕育无数的植物，只要把种子种进去，它就可以为无数的生命提供滋养。它允许泥水蔓延，甚至允许肮脏东西的践踏，它就这样依然故我地吸收着、孕育着，不管别人是否注意到它，它就是这样存在着。在它上边是广阔无垠的天空，天空足够高，天空也有翻卷的云朵，也有暴雨，也有雷电。天空就像力量极大的父亲，天空就像力量无边的男性，高高在上。有很多人会觉得它霸道，会觉得它不讲道理，可是无论多少人去否定它、抗拒它，都无法抗拒依赖它提供的雨水生长。天和地就是这么奇妙地结合着，天和地就是这么奇妙地合作着，一个高高在上、充满力量，一个匍匐在下、默默无闻。天和地本来就是这样的存在，它们是不同的，没有高低、没有好坏、没有对错，只有它们共同合作才会孕育生命，只有它们共同合作才会让这个宇宙如此和谐。

它们本来又是相同的。因为它们用合作相互支持、相互补充，它们用合作服务所有的生命，所以它们不需要比出你高我低，它们也不需要争你对我错、你上我下，它们只是每一刻都安然地待在自己的位置上，做着自己；它们只是每一刻都待在自己的位置上，服务着所有的生命。这就是美妙的天空和大地的故事，而这也是非常奇妙的男人和女人的故事，这也就是非常奇妙的宇宙的故事。

当我们可以读懂天空和土地的故事时，我们就可以读懂自己，我们也可以读懂关于婚姻、关于生命存在的故事。看到在天地之间自己在哪里。不论在哪里，你都可以看到另外一半；不论在哪里，你都在陪伴另外一半。而你所有的看到和陪伴，都会让你吸收到更多的能量，在大自然这个老师面前学到生命的智慧。

请做几个深的呼吸。在天地之间吸收所有你需要的，能量进入内心，充实你自己的生命，读懂天地和宇宙的智慧，也读懂你和爱人的智慧，吸收到足够的能量之后，带着你所有的了悟，带着所有的能量、所有的收获，让自己慢慢地、慢慢地回来，回到这个房间里来。

补充完能量回来了，感觉怎么样？去拥抱大自然，看着天看着地，脚踏着地头顶着天，在那其中都是大自然给我们的礼物。回到家里，看着爸爸妈妈，去吸收他们给我们的礼物，带着所有这些学习去跟我们的爱人相伴成长。

## 互动分享

回顾你跟恋人或爱人相处的经历，给他写一封感恩信。

看一看，从他出现在你生命之后，他带给你哪些礼物？带给你哪些成长？发自内心地写下你的感恩。看一看，他是怎样成就你这个小孩子的？因为他的存在，多了哪些完美和圆满的部分。把你的感恩告诉他，也把你的成长告诉他。当然你可以把这封信给你的爱人看，你也可以在准备好的时候再给他看。只要你完成了这个作业，我猜你会从其中得到更大的一份体验，更大的一份收获。当你写完感恩信之后，带着好奇看看，因为你的感恩，他有了怎样的不同，当然就连期待也可以暂时放下，先做自己渴望做、愿意做、可以做的部分事情吧。

# 第十一章　婚姻九问

在《婚姻上岗证》课程现场，学员提出了许多有关婚姻的问题，此处节选九个有代表性的问题进行解答，以飨读者。本书脱胎于网络视频课程《婚姻上岗证》，本书问世之时，该视频课程已影响和帮助了成千上万的家庭走出困境。所以，您可以一边收看这个视频课程，一边对照本书，一定会有意外的惊喜。

### ● 问题一

请问老师，您的《婚姻上岗证》课程，适合什么样的人收看？您设计这个课程的初衷是什么？

**吴文君老师答：**

《婚姻上岗证》的设计初衷，是为还没结婚的年轻人提供的十节婚前必修课。可现实中最急需这门课程的是未经培训就上岗的已婚者，他们好像杀伤力巨大的马路杀手，既伤人又伤己。尤其是已离婚、有欲再婚的人群，心头暗流涌动出轨欲念的已婚人群，都需尽快补上这一课，所以《婚姻上岗证》绝对是每个人的婚姻必修课。谁需要？都需要，这是与每个人一生幸福相关的学问和课程，绝对是每个人都必需！

我负责任地说，婚姻生活关乎每个人生命中的幸福指数，如此重要的婚姻课程只有十一个章节，一本薄薄的小手册，内容实在太少、太有限，很难在这么短的时间里，把所有与婚姻相关的内容都讲完。所以我只能再三筛选，优先选择了每个人生命中最重要的、最需要的、与生命成长相关的内容分享。这些内容绝对是父母没有讲，学校没有教，社会没有给的基本理念、方法与技巧，绝对可以改变很多人的三观，使我们开始真正活成自己，活得更有品质，从而改写每个人的生命状态，进而影响每个家族的状态。所以，这十节课分享的是生命智慧，是人生的精神财富。

有人沮丧地说："吴老师，按这个课对婚姻的标准，目前大多数人都是没资格结婚的，因为他们都没有'培训'就上岗了。"也有已婚朋友说："吴老师，现在回头看看，我缺的东西太多，当时也没培训，这一路上走得好艰难啊！"

是的，婚姻是一个人一生的旅程（假如你愿意与恋人携手一生的话），就像改变和成长也是一生的旅程，无论怎样做准备，永远都不够。你要放下期待——我是十几亿中国人里第一批拿到上岗证的，我的婚姻一定从此幸福美满，王子与公主从此过上幸福的生活。各位，不要在一个新的童话中迷失自己，即使你完成了这十节课的学习，也只是头脑刚开始发生改变，从知道到知行合一、本能地做到，就是一个人成长的过程。生活会给你提出新的课题，因为来到这个世界就是要成长的。假如学完这十节课后，你希望生活中不再有任何挑战，就可以有停止学习和成长的想法了，这可不是你想收到的最好礼物，不是吗？学习之后的意义就是：生活仍然会有各种课题出现，而你面对这些课题时，变得从容和坦然，你有了新的选择能力，你可以主宰自己的命运了。

　　这些章节（除第十一章），梳理了头脑中关于婚姻的信念、训练了需要提升的能力、明确了自己要做的准备。也就是说在婚姻之前，我们把"地图"选好了，"目的地"找到了，同时知道自己今天在哪里，接下来要背着行囊，在走向目的地的过程中，跟旅伴发生怎样的故事。每天会看到怎样的日出日落？会有怎样的偶遇？这些都是属于未来的经历。没有培训，王子和公主不会从此过上幸福的生活。经过培训，王子和公主也不一定从此过上一帆风顺的生活。但经过此番准备之后，心里会比较踏实有数，会知道走到某个交叉口，会有哪些问题要处理，何时需要求助。起码你胸中有地图，装备已备齐，对于未来会更踏实，更有安全感，更有心理准备，知道突发事件如何处理了。这就是你所做的准备，在学习之后，到底会跟爱人看到怎样的风景、经历怎样的过程，这是属于你们两个人的故事，每个家庭都会有独特的收获，独特的故事。

　　接下来，继续走下去，有一些可以预期的准备工作。当两个人一起走，某一天一个新生命来到了你的生活中，你发现光有《婚姻上岗证》已经不够了，你还要学习《父母上岗证》（《180天父母惊人蜕变之旅》网络课程）。随着孩子的成长，光《父母上岗证》也不够了，需要持续不断地进行岗位培训（《210天让孩子赢得未来必须知道的秘密》网络课程），就像单位员工每个星期、每个月都要接受培训一样。生命中的夫妻角色需要不停学习，不停成长，不停培训，不停扩展自己，不停抚平创伤，不停做改变，不停地完成全新的创造。

　　我已经把最核心最基本的原材料送给了每一位，至于你们如何把这些美妙的原材料加工处理成美味佳肴，取决于你们的创造力。我只有祝福，只有带着欣赏，分享你们的成长故事。我害怕你有一天会来找我："上岗证学完了，我俩又吵了怎么办？"你不能把人生托付给一个婚姻课程，而是要把人生托付给持续的学习和成长。婚姻上岗证是人生中重要的基础和起点，你已上道，行于道中了。未来，我等着倾听你们的故事。

● 问题二

"吴老师您好！我想问的问题是：婆婆为什么会在两个儿媳妇间，两个亲家间挑拨是非？我想不通，也不知道怎么解决这个问题。"

**吴文君老师答：**

"婆婆在两个儿媳妇，两个亲家间做很多挑拨和搬弄是非的事？"

学员："是的。在大媳妇妈妈面前说小媳妇如何好，再到小媳妇妈妈面前说大媳妇如何好，在大媳妇面前说小媳妇不好，在小媳妇面前说大媳妇不好。"

老师："她在自己娘家、婆家也这样吗？"

学员："她对朋友，与亲戚之间的来往比较正常，邻里间都比较和睦。"

老师："她跟自己婆婆的关系怎么样？"

学员："她年轻时婆婆也为难她，但在最后婆婆生病没人照顾时，她也非常辛苦地照顾婆婆。"

老师："很多婆婆都是这样，不太会跟媳妇相处。为什么？因为她做媳妇时，婆婆为难她。说起来话长了，中国女性一代又一代这么辛苦，有所谓"千年媳妇熬成婆"的辛酸。传统文化中有对女性忽略、否定，做媳妇时，往往有被婆婆为难的经历，她辛苦地学到了这样做婆婆的经验，她不知道如何跟自己的媳妇相处。甚至当年被婆婆为难所受的创伤和压抑，一直隐藏着。当婆婆老了，她照顾婆婆时，可以猜到，她内心的感觉多么复杂，复仇感和优越感叠加。所谓复仇感是："当年你对我那么苛刻，现在轮到我来照顾你，哼！"当这份感觉出现时，优越感自然出来了。所以她一直都没办法对婆婆真的信服和敬重，无法摆正位置。当面对自己的儿媳妇时，也难把握自己的分寸和方式，她有很多比较，能感受到两个媳妇的不同，她很渴望爱，渴望两个媳妇都爱她，可她不知道如何告诉她们，就在不同人面前不停地说是非的方式，期望她们都在乎自己，她不过在用这种方式换取她想要的爱而已。"

"在婆婆身上看到她的恐惧，不安全感，她的渴望和期待，就像我们自己也有渴望、恐惧、不安全感一样。作为男孩的妈妈，如果儿子结婚你也做了婆婆，想象一下，你把唯一的儿子交给另外一个女人，会有怎样的感觉？当然只有一个媳妇没有比较，假如有两个媳妇，你希望她们都爱你，希望她们都对自己的丈夫好，也许你会不自觉地去（不是故意的）评判比较，只是内心有感而发，但其他人处理时就变成了是非。当你看到这种可能性时，内心感觉怎么样？"

学员："会更理解她一点。会平和一点，会想怎么处理更好。"

老师："是，你知道她的渴望，问自己，你可以给她吗？如果可以，就去做。至于她怎样，我控制不了。做的时候一定要小心，不要带着想超越另外一个人的想法，想证明自己比另外一个媳妇好。这个念头一出来，你就也在比较和评判中了。当你自己安心去做，放下比较，婆婆也许就会慢慢放下比较。当然大家都是普通人，还没办法完全做到无条件照顾她和爱她，也要允许自己看到这一点。当媳妇有了这样的心态，婆婆会感到安全。媳妇只要做自己能做的，自己也只在那个位置上，才对她有真正的理解。有人说天下最难搞的就是婆媳关系了。当你能理解你的婆婆，你未来就会做个被儿媳妇爱的好婆婆了。"

## ● 问题三

"我上了很多课，上课的时候思路都特别清晰，冷静时思路更清晰。但回到生活中，遇到事情时，理性的东西都没了。所以我想问，平时要做些什么样的功课，才能让课程所学真正进入潜意识变成本能？"

**吴文君老师答：**

"最重要的一个功课是，让自己小时候的创伤释放掉，当遇到被人按动按钮就跳起来时，当情绪低落时，一定是曾经的情绪和创伤还储留着，这些情绪能量很大，是大脑管不了、压抑不了的，总会爆发。每次爆发都是提醒你，曾经有过一些类似环境下的创伤能量需要处理。允许情绪的自然流动和释放，能量才会收回，不会继续发酵和酝酿。

课程中有一次互动分享的作业是关于情绪按钮的，觉察你在什么情况下会被情绪控制？要给自己时间和陪伴，让自己完成情绪的流动。你往往会发现有很多画面闪过，也许是小时候那个受伤的小孩，那个心里充满恐惧的小孩，那就把他抱过来，跟他说话，接受他，把他放在心里，告诉他从今以后陪伴他，支持他，得到安全感，那部分能量就消失了。从情绪中收回你蕴藏的能量。你就会越来越自主，有力量。"

## ● 问题四

"吴老师您好！我有一个比较强势的母亲，她可能更需要关爱吧？她有各种焦虑，身体也不好，对我们也不好。我家最小的孩子也是跟我姓的，我的故事跟您之前分享的案例很像。我已经在潜意识里面跟他们做告别了。我现在也可以自己赚钱，也可以独立了。可是妈妈跟我告不了别，妈妈还是那个这样子。"

**吴文君老师答：**

"这是你以为的。你以为离开妈妈了，可是你的心，还停留在妈妈对你的控制中。妈妈对你的控制不是你的头脑可以意识到的部分，你的心里对妈妈非常抗拒，当你无法面对内心的抗拒时，就没办法转化成你对她的感恩和爱，你就放不下。"

学员："还有一个小问题就是……"

老师："你如果没听进去我的回答，你还会有很多问题要问。我给你答案时，你很快地逃掉了。上面这个点对你很重要。你身上有很无力的状态，你没办法活在当下。所以我的建议是，你现在自己做不来，你需要找一个专业人士，帮你重新梳理跟妈妈的关系，确定有一天你真的长大，会对妈妈很有力量地说：'妈妈，无论你怎么样做，都是最好的唯一的妈妈。同时你所给我的我都收到了，我带着你的祝福，去过我的未来。'确定你可以走了，确定生活中妈妈不再操控你了，那时候是你真的长大的标志。只要妈妈继续操控，就说明你内心还没长大，还停留在一个小孩状态，这个比什么问题都重要，找个时间去处理吧。"

学员："好的，谢谢老师！"

● **问题五**

我很认可您的观点也想改变，可是当我改变时，对方却并没意识到，没给我正反馈，她有时甚至觉得我在说教，这种行为是不是可以理解成是在历练我的耐心？当我没有得到回应，能量一点点减少，我开始没有自信再去坚持改变了。这种情况我该怎么办呢？

**吴文君老师答：**

你改变时，对对方是有要求的，你对对方的诉说，听起来就像个老干部，在下达命令和指挥对方。你所有的改变假如不从'心'出发，是没用的。我观察到，你跟'心'分离很久了，你习惯于在头脑中讲道理，可是你的心没有动，你的话听起来会让人感觉心烦，你的改变只停留在头脑中，没有内心的能量。对你来说，不需要在刚改变时就要求别人怎样对待自己。否则你不是在改变自己，而是在改变对方。

你要真正的改变。第一，先跟自己的感觉在一起，跟自己的情绪连接上。很多中国男孩子在成长过程中都不被允许表达感觉，是跟感觉分离的，所以很多男孩训练了超强大脑，跟'心'这个地方越来越分离，习惯了用各种文字组合去讲很多空洞的道理，可是心不动，所有的变化都只是表面上的。所有深层的变化都要从这里出发，跟情绪相连接。第二，当你真的从心里改变了，跟情绪连接了，你只要自己悄悄变，不要告诉对方，也不要对对方有要求。当你真的发生了变化，对方会自动给你回应的。当你的变化仅限于嘴上说说时，对方只能回应：你很烦，在说教。

怎样跟感觉连接？你需要经常把手放在自己胸前，起码先感觉到自己的心跳。在重要的表达之前，做几个深呼吸，把手按在这里，好像让你的大脑思考先停工，让一些东西从'心'出来。可以说得慢一点，可以写东西慢一点，但是从'心'出来的，也许字字都是珍珠。用头脑说再多都可能是超理性的、容易控制别人的东西，从你的内心说出来的才是有活力的，有生命的。

先从'心'开始，这是你的功课，跟对方无关。对方只是给了你反馈，说你并没真变，"你真烦"。她告诉你了，谢谢她给了你一个反馈，然后自己找办法，自己找到一条改变的路，慢慢开始。好好感恩你周围、你旁边那个不断地提醒你的人，她如此敏感，知道你没有变化。所以当你真的改变了，她一定会有很多反馈给你，好吗？到现在为止，你只是头脑上知道了一些而已，'心'这边还没动。"

● 问题六

"现在社会上有很多大龄未婚人士，不管是男性还是女性，我相信他们听完这堂课都会很有收获。我想问的是，当他们遇到的总是不满意的，或者说他们也不知道怎么遇到另一半，该怎么办？就像麦克格西所说的种子法则，这颗种子应该怎么种，可以让自己达到身心合一的状态，创造出那样的气场去吸引到对方？"

**吴文君老师答：**

"这是一个很好的问题。有太多爹妈被不结婚的孩子都快逼疯了。可是不管父母怎么努力，相亲也好，保媒也好，发现孩子总会有很多理由说'没看上，跟我不合拍，没感觉'，一次次错过机会。从我的角度给一些可能的原因。假如一个人到了适婚年龄还不能结婚，往往不是嘴上说的没感觉，而是心里有太多东西堵住了。有几种可能性：

第一个可能，这个人曾经有过一段恋爱，还没放下，到现在心里还腾不出空间，无法装进新的人，无法谈婚论嫁。

第二个可能，很多人到现在没结婚，不等于他没有过情感关系，没有过性关系。有些大龄、适龄的男女青年，在曾经的情感关系中有流产的孩子。在一个女人或者男人的生命中曾经有一个或多个爱情的结晶，因为不准备要，所以把孩子堕掉，这就会带来一个或多个能量的遗留，他的心里储留着很深的内疚感，甚至连自己都没觉察到与孩子的连接，很多人的生命就留在了没有活下来的孩子身上，他的注意力完全被离开的孩子牵连着，没办法回到现在，更没办法看到一个新的生命，跟新生命沟通和相伴。如果曾经有过没有活下来的孩子的经历，让自己内心不得安宁，心被堵着，你需要去放下这部分能量，承担这部分责任。

第三个可能，自己的父亲或者母亲的情感关系不好，在心里刻下'婚姻是可怕的，婚姻是没希望的'信念，害怕自己受伤害。小时候看到父母吵架，已经为自己的生命做了一个决定，可能是：我将来绝对不结婚，不让孩子受这样的委屈，也不让自己受这样的委屈。小时候的这个决定和信念，也许现在已经淡出了自己的意识，但一直都在潜意识层面起着制约的作用，所以不敢谈论婚姻，不愿意去面对婚姻。

当然还有其他可能性：比方爸爸或者妈妈，曾经有过另外的情感关系，但并没有很好地了结，没有付出收取的平衡，还有些牵挂没放下。孩子作为后代，在心灵深处可以感受到曾经有一个没被公平对待的人，有不平衡的能量，他就用不结婚来纪念那个人。这样的案例在我辅导中也比较多见。

这些原因都是深层的，是从家庭系统层面解读'为何我的心里放不下一个人'。假如不从系统角度把心里这些东西放下，永远都没办法准备好在现实生活中找到一个他能接受的意中人。

我有一位朋友，他是一位四十几岁的男士，非常优秀，自己企业做的也很棒，所有人都在操心他的婚姻，但他一直都没结婚，他的理由是找不到合适的。有一次他来找我，我说：'不是找不到合适的，是你没打算结婚。'他说：'不是的，我很想结婚的，我每天都在相亲。'我说：'我来做个测试，有三个可能性，一个是已准备好结婚，一个是还没准备好，一个是还有其他问题要解决。'我没有告诉他每个位置上的测试内容是什么，让他凭感觉告诉我，哪一个对他最有吸引力？他把每一个去感受一下，最后告诉我，对他有吸引力的是'没打算结婚'。为什么这个会有吸引力？继续探索，发现他的内心堵着很多故事，当把那些故事一个个处理后，他很快就找到了一个非常漂亮的女孩子，那女孩各方面都很优秀，于是两个人很快就结婚，现在已有了宝宝。所以没有人找不到合适的，你只是没准备把心里阻碍的东西搬开。当确定要搬开那些东西，他真想搬时，有很多人可以帮忙。当他还觉得享受，觉得那样更快乐、不痛苦时，他都不会去改变。有人说夫妻是老早就配好的，转角就会遇到爱，可你蒙着眼睛，她在对面你也看不见，你的心被蒙着，看不见他。"

● 问题七

"吴老师，我听完这些课，感觉自己好像没有太多问题，但有个困惑。每个人对婚姻的认知，源于从小看着父母是怎么连接的。我的父母的婚姻应该是非常糟糕的婚姻，到现在我妈妈都还觉得她死都不想再跟我爸在一起。我的老公，刚出生几个月就没有了自己的亲生母亲，有一个替代妈妈角色的后妈，后来也没有在一起生活。我的困惑是：他(爱人)如果还活在没有印象的妈妈的影子里，我怎么才能够让他看到？你带领我们冥想在心里找到婚姻之门时，打开一条缝，门后的风景是一个硕大的深渊，我怎么想办法都不能把它盖住，所以我不知道这里面有没有我自己不能理解的一些关系？"

**吴文君老师答：**

"我好奇的是，你用怎样的信念让你吸引来这样一位先生？当你看到爸爸妈妈很糟糕的婚姻时，你认为婚姻是什么？是幸福的还是痛苦的？假如你认为婚姻是痛苦的，你怎么可能找一个快乐的人与你一起创造婚姻？假如你继续保持你对婚姻的认定，你先生的心思就永远停在他妈妈那边，他就看不到你，所以是你吸引他来的。

还是你要改变，既然是你吸引他来，就是你要改变，而不是帮助他改变。改变自己对婚姻的定义。假如你确定要改变，先从你跟爸爸妈妈的关系改起。你给他们的定义是他们有个糟糕的婚姻，你看到他们的婚姻只有糟糕，就看不到他们用这样的方式过一生的背后的动力。你妈妈跟你爸爸一直生活得很糟糕，但他都不离开她，他们两个如此相爱，如此需要彼此，用这样的方式连接彼此。你需要退回到孩子的角度，真的去看那两个人，你看到表象背后的东西，你真的愿意看到并对他们说，'不管你们的婚姻怎么样，你们都是我最好的爸妈，你们都给了我去创造新的爱的力量'，你才可能改变内心对婚姻的定义，才能把爸爸妈妈的生活还给他们，过你自己的生活。否则你一直跟爸爸妈妈黏在一起，他们是痛苦的，你也一样，他们过不好，你也没有资格过幸福的婚姻生活。你要跟爸爸妈妈改善关系，找一个专业的人士帮你做这个练习吧。"

● **问题八**

"吴老师您好，我的问题是，如果经过学习，也做了很多改变，但这个家庭还是没有什么太大变化，两个人仍然还很痛苦，那是不是还要继续维持这样的婚姻？"

**吴文君老师答：**

老师："你在为谁维持婚姻？"

学员："为外界、为双方的家庭。"

老师："在你生命中谁更重要？是你自己还是外界更重要？你想骗谁？"

学员："很多时候外界都会用这样的眼光看我们。"

老师："外界也会有另外的眼光，说你看这个人多可怜，过得不好还在一块凑合，你怎么样回应外界的这种声音？你不是为外界活着，你要真实地对待自己，你想要什么？无论你怎么做，外界都有一些人说'不'，你没办法让全世界都对你说'是'。所以你不是为外界活着，你要问自己要什么，然后去行动。"

● **问题九**

"我一直在想，人为什么一定要有婚姻？"

**吴文君老师答：**

"是，很多人都在问这个问题。人不是一定要有婚姻的。在非洲很多原始部落里人是没有婚姻的，有一些部落，一个男人可以有好多妻子。我前段时间去了西双版纳，西双版纳的男人去到女人家，男人是没有地位的，都是女人说了算。女人可以咬牙切齿地对男人说'你这个赔钱货'。我们到了那边，一定会很不习惯这样的状态。婚姻就是社会进化的一种产物，不一定必要。

但绝大多数的人，生活在这个一夫一妻制的婚姻文化里，我们接受了这些文化的影响，现在也在婚姻里，就不能折磨自己，纠结人为什么要有婚姻呢？当你有这些纠结时，一定是遇到了不满意不开心的婚姻。所以你真正想要的答案，不是为什么要结婚，而是如何经营好婚姻！

你应该考虑的问题是，怎样用所有的资源和力量把婚姻经营好，起码对得起自己。所以过好婚姻生活是为自己，让我的一生不在痛苦和拧巴中度过。

当然，你把目前所有能做的全做了，所有能求助的都求助了，所有该做的练习全做完了之后，无论怎样努力也没办法跟另外一个人创造和谐的婚姻，待在婚姻里只能继续痛苦，离开婚姻担心别人嘲笑也会痛苦，那你要问自己：你能承受哪一种苦？你想追求哪一种生活？你要为自己的人生做选择和决定，没有完美的选择，唯一你可以对得起的就是自己。我做什么选择可以让自己不再纠结？才能符合自己的追求？是不是到现在为止我都没有资格经营自己的婚姻？为自己做一个成人的决定，并承担所有代价。

婚姻不是一个人的，它是两个人的事。你没办法控制另外一个人。你只好问自己，我如何不再痛苦？即使学习以后，你也不能强留对方在婚姻中，必须尊重彼此的决定和选择。

真正有效的成长是：我一个人是完整和圆满的，是幸福的，两个人则两相情愿，可以创造两人的幸福。这样的婚姻是高质量的，每个生命既独立又相互连接，彼此有'我'，同时有'我们'。"

谢谢学员们的问题，让我们的分享更深入，超过了《婚姻上岗证》视频课程中分享到的内容。这也让我们知道，婚姻上岗培训要持续做下去，因为我们还要往前走，还可能遇到新的考验、新的话题，我也愿意让"上岗培训"变成"继续教育培训"，继续在婚姻成长中陪伴大家走下去，一起体味成长道路中的每一份人生。

## 冥想——生命之路

用你熟悉的方式放松下来，很容易的，你已经可以跟自己连接，让自己的呼吸带自己到更放松的状态。我们经历了一次又一次跟自己的连接，体验了一次又一次美妙的过程，是时候进行整理和总结了。

我们会发现此时此刻我们站在生命的花园里，我们已经走了很长一段路。从第一章开始，我们懵懵懂懂地进入这个花园，我们每一次的寻找探索，每一次的吸收，每一次的释放，让我们好像跟以往有很多的不同，好像我们离这天地都很近，好像我们自己的身躯格外的放松，格外的舒展，好像我们的心里装着满满的收获。那些收获也许是彩色的种子，包含着我们所期待的很多很多的能量。在我们的内心里种了很多这样的种子，同时拥有了超越自己过去生命的更大的空间。不知不觉我们的生命扩展了，不仅能够看到自己，还能看到自己的爱人，不仅能够看到现在的自己，还能够看到自己身后一代代的祖先，还能看到过往中曾经陪伴你、与你一起体验和经历的一些人、一些事。当然我们还可以看到，在我们生命里还有属于自己的后代，甚至看到在我们周围还有很多像我们一样的人，他们也有痛苦，他们也有烦恼，他们还没有真正进入这个探索的生命花园。他们有很多的渴望，甚至我们不知不觉间，手里握着很多的东西，那是我们捡起来的果实，也包括我们要撒下去的种子。所有种子生长的过程都变得非常非常的清晰，色彩缤纷，好像生命花园里所有的花朵一样，也就是在这样的发现中，我们不知不觉地开始看到前面有一条路，那是属于你自己未来的生命之路。

看看那条路有多宽，看看那条路是由怎样的材料铺成的？看看那条路上散发着怎样的光泽，是金色的还是银色的？再看看走在路上的除了你自己，还有谁呢？看看那条路的远方，在路的尽头还有怎样的一些风景，还有怎样的一些画面呢？再感受一下手里装满了种子，心里装满了收获的你，在天地之间看到远方的那条路，你现在有了怎样一份动力？是的，你想走过去吗？你想跑出去吗？不管是走还是跑，都让自己跟随内心的那份冲动，去向你自己未来的生命之路。

在你自己的生命之路上，你一个人也很快乐。在你的生命之路上，旁边有人陪你同行，你同样是快乐喜悦。所以所有行走的过程都会让你有很多新的发现，也都会让你像一颗钻石一样有更加光芒闪烁的一面又一面，照亮周围，照亮更多同行的生命。所有的喜悦都在同行中分享，所有的这些喜悦也都在分享中无限扩大，扩大到更遥远、更宽广的甚至超越了边界的非常大的空间里。你去好好地感受这份与更大系统的连接，这份与远方的连接，甚至也有更大的一份渴望，提供了深呼吸的动力，吸收在本书中所有的收获，带着这些收获，准备好了走向你未来的生命之路。看到远方的愿景，认清它，把它变成一个彩色的画面，放到自己心里，放到自己头脑中，每当你未来有需要的时候就调动它，让它弹出来，让你看到这些愿景，让你再一次回顾和吸收，让你再带着信心走向远方。再做几个深的呼吸，直到你觉得足够。藏好这个画面，把它放在内心深处，带着所有的感恩和爱，让自己慢慢地回来，回到这个房间里，回到今天的现实中。

带着刚刚所有的发现和你早就具备了的能量，我们准备好了要回到我们自己的生活里，回到恋人身边，回到爱人身边。也许你有很多美妙的分享，也许你都不会急着分享，你会让所有的过程慢慢地沉淀，直到你准备好的时候，和他一起去创造属于你们未来的奇迹，好吗？

## 互动分享

写下你阅读本书的收获和感想。

让我们伸出手，给自己鼓掌，恭喜我们完成这次美妙而神圣的学习！愿各位幸福如意！

阅读本书后分享你的互动心得，可获取由作者吴文君亲笔签名的"婚姻上岗证"证书。

获取方式：

发送你每一章节的【互动分享】至微信（冉老师：13962100769）。

# 后　记

2020 年 2 月 14 日，是许多人渴望收获爱的情人节。《从"炼"爱到结婚》的书稿在此时整理完成，有着特殊的意义和象征。江南的早春二月乍暖还寒，淅沥的雨声敲打着窗台。一缕清香肆意地从香炉穿透，弥漫在房间里，还有飘散的茶香陪伴着我，有形无形的一切在自然地流动着。

今天早上，我被"唤醒青少年导师"学员群里转发的"大韩小韩父子俩"的文章感动得又一次泪流满面。他们一家四口都是我课程里的学员，所以文章极易引起我的共鸣和触动，每个人都鲜活可见。小韩的作文里可以看到那个智慧、慈爱、无言地爱着所有人的妈妈的身影，也可以看到曾经不懂孩子，以恐惧和愤怒做武器，控制孩子的父亲是怎样一点点地转变。当大韩每天给孩子书包里放一封信，当他每天为孩子找优点、设计优点墙，一天天把那个厌学顽皮的孩子的自信重新扶起；当他放弃自己百万年薪的互联网高管职务，变成一个专职的学习型父亲，他每天精进练功，记录在生活中修行的所思所悟，一不小心就成了"10 万＋"访问量的网红；大韩每次所言都是发自内心地夸妻炫子（他通过音频、视频、短文如实记录太太和两个孩子的所言所行），引得多少观众眼红心热，让多少学员羡慕嫉妒恨……爱在他内心流动着，幸福在他的家里流动着，幸福的智慧就在他身边快速地传播着，如水面的涟漪，自然而又势不可当地扩散出去，波动人们渴望幸福、喜悦的大海……

是的，这只是我在这个幸福新年里的一个剪影，是我在不同凡响的新年，收到的最好礼物之一！

2018 年底，当我顺应系统力量的推动，将我们十几年沉淀的事业概括为"亲道文化"，把我三十年所学所研汇成以"亲子教育"入道的实修体系之后，一切都自然而然地就位并有序发展。因爱孩子的动力结缘的所有人，都带着"家庭幸福"的渴望，自然地参与进来，汇聚而来。让自己的家庭笑起来，让自己笑起来。让千万个家庭笑起来，是中国梦的重要组成部分，是千百年来辛劳的中国人的集体潜意识，此时已到了一个共同创造和表达的时刻，"亲道文化"即刻就爆发出了巨大的能量，改写着很多人，很多家庭，甚至是很多家族的命运！

当大家沿着这条实修的路精进，并受益了，就自然而然地分享和传播，就自然而然地成为"亲道文化"的一分子，精进修行，享受成长和蜕变的喜悦幸福，传播成长的智慧和感悟。于是就有了许多个"大韩小韩"的故事，就有了许多人的欢笑，许多家庭的欢笑，我正见证着和陪伴着许许多多的分享，度过了一个无比幸福的新年！

当这本书终于完稿时，我知道它将汇入"千万个家庭笑起来"的大海中，成为重要的幸福基因，影响每个人实修自己，进而主宰自己的婚姻和命运。这本书着眼于婚姻，落地于每个生命本身的自我负责。朋友们，把曾经苦苦向外索求物质、索求关系、索求功名的欲望之心收回来，回归自己的家庭，回归自己的身体，回归自己内在的心，在亲密关系中实实在在地修炼自己，照顾自己的内心。当你把心安住在每个当下时，家就安了，世界就安了，幸福就在了！

现在我邀请你，带着你的爱和智慧，回归当下，回归生命之道、自然之道，把曾经向外苦寻的路，转变成归家的路，跟你所爱的人和爱你的人，一起创造无限的可能，一起笑起来！

祝你每天都快乐！

吴文君